城市道路交通协同管控精选案例汇编

主　编　邱红桐
副主编　卢　健　封春房　马东方
参　编　汤若天　顾家悦　付　强　顾金刚　郑　煜
　　　　赵杨洋　朱自博　李　标　王　明　华璟怡
　　　　吴　钢　张　胗　李贤达　陈天德　王　乐
　　　　王晓燕　刘伟祥　高书涛　韩　龙　吴舒逸

机械工业出版社

《城市道路交通协同管控精选案例汇编》展示了针对大流量交叉口、交通性主干路和拥堵区域的交通协同管控实战案例。

书中选取高架下匝道交叉口（双待叠加+右转待行）、快速内环（限时禁令+定向车道+交替通行）、学校周边（限时长停车+校讯通）等实施效果明显的案例，从现状及问题分析、优化措施、实施效果以及案例小结共5方面，对案例进行深入剖析，以案例的形式推广优秀、科学的交通管理理念和方法，从而进一步促进城市道路交通资源的系统管控优化。

《城市道路交通协同管控精选案例汇编》适合交通管理、交通运输部门的管理人员及相关科研院所的研究人员、高校师生、规划设计咨询单位的从业人员等参考。

图书在版编目（CIP）数据

城市道路交通协同管控精选案例汇编/邱红桐主编. — 北京：机械工业出版社，2023.6
ISBN 978-7-111-73083-5

Ⅰ.①城… Ⅱ.①邱… Ⅲ.①城市道路-交通运输管理-案例-中国 Ⅳ.①U491

中国国家版本馆CIP数据核字（2023）第074191号

机械工业出版社（北京市百万庄大街22号　邮政编码100037）
策划编辑：李　军　　　　　责任编辑：李　军　丁　锋
责任校对：龚思文　徐　霆　　责任印制：单爱军
北京虎彩文化传播有限公司印刷
2023年7月第1版第1次印刷
184mm×260mm·10.25印张·240千字
标准书号：ISBN 978-7-111-73083-5
定价：99.00元

电话服务　　　　　　　　　网络服务
客服电话：010-88361066　　机　工　官　网：www.cmpbook.com
　　　　　010-88379833　　机　工　官　博：weibo.com/cmp1952
　　　　　010-68326294　　金　　书　　网：www.golden-book.com
封底无防伪标均为盗版　机工教育服务网：www.cmpedu.com

前言

随着我国城市化进程的加快，城市人口急剧膨胀，城市道路交通流量迅猛增长，交通拥堵日益加剧，制约了城市社会经济的发展。交通拥堵已经成为五大"城市病"之一。近年来，各地积极开展示范路口、标杆路段、样板区域交通协同管控优化工作，涌现出了一批典型案例。为总结各地经验，提升各地交通智慧管理水平，同时鼓励各地不断探索、创新交通管理方法，本书聚焦大流量交叉口、交通性主干路、拥堵区域三个不同主题场景，对相关案例进行了汇总、整理和编辑。

相关案例按照现状情况及问题、改善措施、实施效果等内容进行编排，相关措施可操作性强，可为各地开展路口、路段和重点区域交通治理提供参考和借鉴。

《城市道路交通协同管控精选案例汇编》的编撰和出版得到了国家重点研发计划项目"城市智慧出行服务系统技术集成应用"（项目编号：2019YFB1600300）的支持和资助。

由于编者水平有限，书中难免存在不妥之处，恳请广大读者不吝赐教指正。

编 者

目 录

前言

第一篇　大流量交叉口协同管控案例

大城市中心区重点交叉口：可变导向车道 + 精细信号控制【湖北武汉】　　…002

中小城市交通性主干路沿线交叉口：借道左右转 + 可变导向车道【山东东营】　　…008

片区连接线交叉口：借道左右转 + 可变导向车道【陕西西安】　　…016

核心区主干路交叉口：可变导向车道 + 左转右置【湖北武汉】　　…022

高架下匝道交叉口：双待叠加 + 右转待行【山东济南】　　…028

大流量大面积交叉口：综合待行区 + 可变导向车道【山东济南】　　…040

近距离双 T 形交叉口：交叉口二合一 + 左转外置【山东烟台】　　…052

多向交织的交叉口：左转右置 + 可变导向车道【浙江宁波】　　…060

大型环岛交叉口：定向车道 + 控进又控出【山东威海】　　…067

第二篇　交通性主干路协同管控案例

高架快速路：潮汐车道 + 交替通行【广东广州】　　…076

片区连接通道：借道左转车道 + 可变导向车道【陕西西安】　　…082

快速内环：限时禁令 + 定向车道 + 交替通行【江苏南京】　　…087

片区间主连接通道：潮汐车道 + 可变导向车道 + 公交待行区【山东济南】　　…094

过境交通性主干路：定向车道【重庆】　　…099

第三篇　拥堵区域协同管控案例

医院周边：外部单行 + 内部停车分区管理【江苏南通】　　…104

学校集中区：以人等车 + 错时接送 + 交通分流【山东青岛】　　…111

学校周边：限时长停车 + 校讯通【浙江宁波】　　…119

居民区：微循环 + 限时停车【福建厦门】　　…126

老旧小区：单行 + 新增车位【重庆】　　…136

中心商务区：挖潜提效 + 时空一体治理【浙江宁波】　　…141

交通枢纽周边：均衡交通流分布 + 明确路权【山东济南】　　…151

第一篇

大流量交叉口协同管控案例

大城市中心区重点交叉口：可变导向车道＋精细信号控制【湖北武汉】

概况

建设大道西起二环线西侧，东至二环线东侧，横跨汉口片区，连通硚口、江汉、江岸三个行政区，是早晚高峰上下班跨区通勤的关键道路。建设大道新华路路口位于建设大道核心位置，周边布有写字楼、医院、商圈等多个交通吸引点，北边向上与二环线、唐家墩路相交，可达姑嫂树路高架，是汉口片区通往机场高速的重要路口，晚高峰建设大道新华路西进口左转驶入新华路、菱角湖住宅区、万达广场、机场高速的车流较多，导致左转排队较长，路口严重拥堵，如图1所示。

图1　建设大道新华路位置图

现状及问题分析

1. 交叉口渠化情况

建设大道－新华路路口为十字形路口，路口交通渠化北面为进口6车道（2左转+3直行+1右转）、出口3车道，南面为进口6车道（2左转+3直行+1右转）、出口3车道，东面为进口5车道（1左转+3直行+1直右）、出口3车道，西面为进口5车道（1左转+3

直行 +1 直右）、出口 3 车道，各进口均有右转渠化，设置右转专用安全岛，如图 2 所示。路口信号灯四个方向均为机动车箭头方向指示灯具。

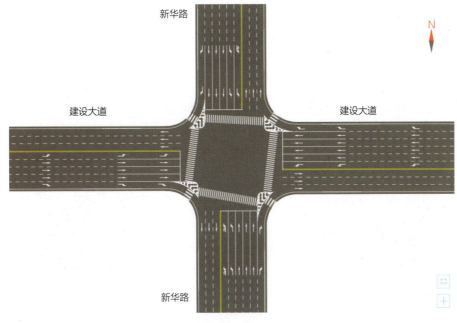

图 2　路口渠化图

2. 信号配时方案

路口原运行信号配时方案是工作日全天细分成 8 个时段进行调控，信号周期介于 85~130s。信号方案夜间时段是四相序模式，南北方向直行对放、左转对放，东西方向左转对放、直行对放；早高峰时段是六相序模式，南北直行对放搭接南北左转对放，东西左转对放搭接东西直行对放；其余时段为五相序模式，南北直行对放、南北左转对放，东西左转对放搭接东西直行对放。具体配时方案见表 1。

表 1　建设大道－新华路原配时方案　　　　　　　　　　　　　　　　（单位：s）

时段	相位相序						周期
	南北直行对放	北直左	南北左转对放	东西左转对放	西直左	东西直行对放	
0:00—6:30	23	—	18	18	—	26	85
6:30—7:20	45	—	20	20	—	31	116
7:20—9:40	37	10	22	18	8	35	130
9:40—10:50	40	—	23	18	12	37	130
10:50—17:10	38	—	22	18	9	31	118
17:10—19:30	43	—	23	20	11	33	130
19:30—22:00	28	—	20	20	6	28	102
22:00—24:00	23	—	18	18	—	26	85

3. 现状问题

① 西进口车道设置不合理。西进口车道在路口处由 2 车道展宽至 4 车道，分配为 1 左转 +3 直行，早高峰时左转车流量较少，晚高峰左转驶入新华路菱角湖住宅区、万达广场、机场高速的车流明显增多，一条左转车道无法满足左转车辆通行需求，经常导致路口排队较长，甚至超出左转展宽道，出现加塞等情况，影响了后方直行车流正常通行，严重影响了路口的通行效率，如图 3 所示。

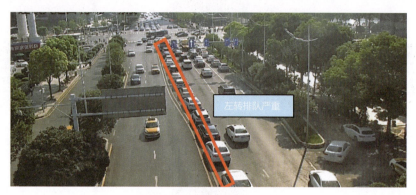

图 3　西进口车道左转排队严重

② 车流需求与车道属性不匹配。北进口车道为 5 进 3 出，其中 2 条左转车道，3 条直行车道。经观察，该进口车道的车流需求与车道属性设置不匹配，左转车流全天都较少，直行车流较多，导致高峰期出现直行车道排队长达约 300m，左转车道空放的现象，造成车道资源浪费，如图 4 所示。

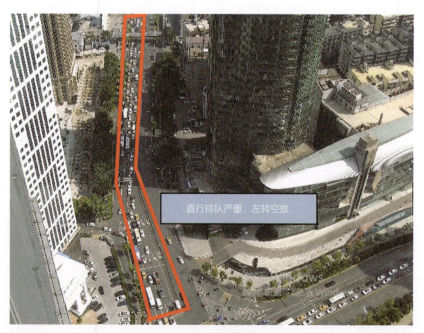

图 4　北进口车道直行排队

优化措施

1. 西进口车道设置可变导向车道

建设大道新华路西进口车道方向左转交通流有明显的潮汐现象,将西进口左边第二车道设置为可变导向车道,通过可变导向车道功能,根据不同时段交通流的变化切换可变功能指示,优化西进口的交通组织,提升西进口左转车流的通行能力,使交通组织与交通出行需求相匹配。考虑到西进口车道直行车流也较大,将可变导向车道设置为晚高峰为直左车道,同时在路口西进口增设动态标牌,并将车道绘制成可变导向车道标线,如图 5 和图 6 所示。

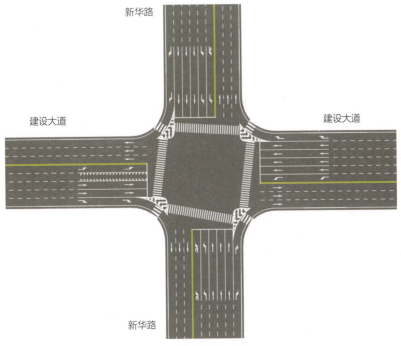

图 5 优化后路口渠化图

图 6 晚高峰西进口可变导向车道设置为直左车道

2. 精细化划分信号控制时段

结合调整后的交通渠化与交通特性，对信号方案的相位相序进行相应优化调整，由原来全天运行 8 个时段方案，优化为全天运行 13 个时段方案，合理分配绿信比。优化后的配时方案见表 2。

表 2　建设大道－新华路配时方案　　　　　　　　（单位：s）

时段	相位相序							周期
	南北直行对放	南直左	南北左转对放	东西左转对放	西直左	东西直行对放	东直左	
0:00—6:30	23	—	21	18	—	26	—	88
6:30—7:20	50	—	26	20	—	31	—	127
7:20—9:00	58	—	26	23	5	38	—	150
9:00—10:00	50	—	30	18	12	37	—	147
10:00—12:30	45	—	30	18	9	30	—	132
12:30—16:00	50	—	30	18	9	30	—	137
16:00—17:00	50	—	30	18	12	37	—	147
17:00—18:30	49	7	28	—	36	—	34	154
18:30—19:00	47	6	30	20	11	36	—	150
19:00—19:30	44	—	32	20	11	36	—	143
19:30—21:00	28	—	25	20	6	28	—	107
21:00—22:00	31	—	22	20	6	28	—	107
22:00—24:00	23	—	21	18	—	26	—	88

实施效果

西进口可变导向车道方案实施后，在晚高峰期间，西进口车道左转排队长度缩短，车辆消散速度有效提升，路口滞留情况基本消失，加塞问题也基本消失，路口行车更加有序、安全，如图 7 所示。

a）优化前　　　　　　　　　　　　　b）优化后

图 7　建设大道-新华路路口优化前后效果对比

通过细化各个时间段，优化各进口绿信比时长，原高峰期西进口左转车辆通行量为

226pcu/h，优化后左转车辆通行量为264pcu/h，较优化前提升了16.81%，如图8所示。

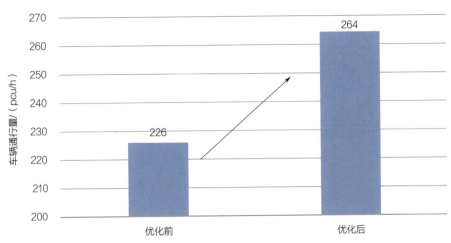

图 8　优化前后西进口车道左转车流高峰通行能力对比

案例小结

　　可变导向车道技术的优势在于灵活变换车道交通属性，使路口某个方向的车道数与实际交通流更加匹配。针对建设大道－新华路交叉口早晚高峰明显的潮汐流特点，我们灵活地采用可变导向车道技术，分时段地实施借道左转，增加左转车道数量，提高了西进口的疏散效率，减少了排队溢出现象的发生。灵活应用可变导向车道的控制策略，可以最大限度地解决潮汐流明显的路口问题，更有效率地解决主要问题。

中小城市交通性主干路沿线交叉口：借道左右转 + 可变导向车道【山东东营】

概况

东营市位于山东省东北部、黄河入海口的三角洲地带，中心城区分为东城区和西城区，城区路网结构呈现典型的"棋盘"状分布，且支路路网发达，独特的路网结构使得东营中心城区具备良好的道路条件。目前，随着东营市机动车保有量的增加，中心城区道路交通供需矛盾日益突出，城区交通流呈现明显的早晚高峰特性，工作日交通出行比较集中，高峰时段交通拥堵程度较为严重。

现状及问题分析

1. 信号机联网率、监控覆盖率均不足 70%

城区路口信号机联网率不高，且联网的信号机点位分布比较分散，难以形成区域性协调，导致路口协调率较低；其次，路口监控覆盖率较低，路面突发警情不能及时获知，常因此引发路口拥堵蔓延。

2. 堵点较多，区域性拥堵明显

中心城区部分路口渠化设计不合理、路口路段通行能力不匹配、进出口车道数不匹配、车道属性设置不合理等问题，形成了路网拥堵节点，同时受上下游通行需求影响，路网节点存在拥堵持续时间长、排队不能及时消散等特征，如图 1 所示。

图 1　部分交叉口拥堵情况

3. 信号协调率低，市民出行不畅，体验感差

由于城区道路协调性差，且在高峰时段道路拥堵现象较为严重，市民全天的正常出行都会受到影响，平峰停车次数多、高峰红灯等待时间长，整体驾驶体验感差，如图2所示。

图 2　高峰拥堵示例

4. 路面感知能力差，突发警情不能及时处置

随着城区车流量的增加以及市民对出行质量要求的提高，现有的路口设备等交通设施建设已很难满足实际需求。由于城区路口流量检测等专用设备安装数量少，且路口监控不能全覆盖，当有突发异常情况时指挥中心不能及时发现，由此导致无法及时了解道路拥堵现象的原因，进一步造成拥堵问题在时间上的持续和空间上的蔓延，同时，各种智能化平台功能的实现，也需要完善的交通设施建设作为支撑，如图3所示。

图 3　突发警情示例

5. 信号方案放行方式单一，路口延误大

中心城区路口信号配时方案存在不合理之处，比如放行方式较为单一，导致不对称交通流路口的绿灯时间不能高效利用，车辆通行延误较大，同时固定的相序也对整体绿波协调产生影响，如图4所示。

图 4　放行方式单一

优化措施

根据上述交通问题，东营交警结合民生实事项目工程，按照"深化完善外场设备、堵点路口一点一策、区域绿网全面提速、路面信息感知互通"的优化思路，自 2019 年以来，连续三年共投资 9100 余万元，对中心城区交通管理进行综合性改造提升。

1. 深化完善外场交通设施设备

改造联网 186 个路口交通信号设备，增设 280 个路口交通流量采集设备，补充 147 个路口交通监控设备，升级交通信号控制平台，确保中心城区 530 处信号路口实现后台可监可视、可调可控，提升了交通管理工作效率，如图 5 所示。

图 5　改造信号设备

2. 区域绿网全面提速

根据中心城区规划特点及路网特征，因地制宜，首创国内大规模区域协调控制（以下简称"绿网"控制），即控制区域内横、纵向道路均实现双向绿波控制效果，实现了"线控制"到"面控制"的转变，缓堵提速效果改善明显，绿网覆盖区域内平均车速提升了50%，为居民日常出行提供了极大便利。

目前，东营市已实现6大片区"绿网"控制，包括市政府片区、油田管理局片区、安居工程片区、东营开发区片区、区政府片区及锦华八分场片区，形成了东营中心城"六网一体"智能交通建设新格局，也是目前全国首个实现"绿网"优化模式的城市，如图6所示。

图6 "六网一体"智能交通建设新格局

3. 堵点路口一点一策

针对中心城区常发性拥堵的路口，东营交警开展专项研究，提出"综合规划、慢行一体、一点一策、安全高效"的改善策略。

① 对北一路、太行山路等15个路口实施逆向潮汐车道，以空间换时间，通过借道左转充分提高路口通行效率，如图7所示。

图7 实施逆向潮汐车道的交叉口示意图

② 对胶州路、辽河路等 7 个路口实施同向可变导向车道，通过时段性可变转换、周期性可变转换，以及自适应可变转换等方式，充分应对不同时段的交通流变化，如图 8 所示。

图 8　实施同向可变导向车道

③ 对东三路、大渡河路等 8 个通行条件受限的路口实施右转借道通行，缓解路口高峰期排队压力，如图 9 所示。

图 9　实施右转借道通行

④ 对东二路、北二路等 30 多个路口开设提前掉头口，通过路口展宽、车道瘦身，最大化提高路口通行效率，如图 10 所示。

图 10　开设提前掉头口

⑤ 对胜利大街、南一路等 10 多个路口设置待行区，并通过诱导屏提醒车辆驶入待行区，消除二次停车现象，如图 11 所示。

图 11　设置待行区

⑥ 对济南路、西二路等 8 个路口实施慢行交通一体化通行，确保非机动车及行人安全通行，如图 12 所示。

图 12　交通一体化通行

⑦ 对东二路、黄河路等 20 多条路段实施绿波速度诱导发布，引导驾驶员按照绿波速度通行，提升驾驶体验，如图 13 所示。

图 13　绿波速度诱导发布

⑧ 对中心城区 530 处信号路口实施精细化配时调整,通过全天划分多时段控制,确保日常交通流的稳定运行,如图 14 所示。

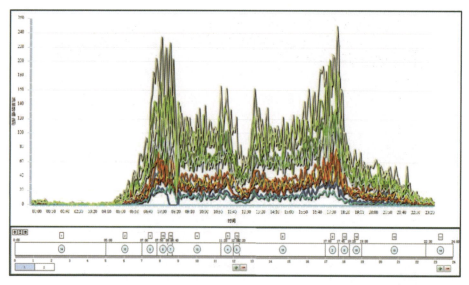

图 14　多时段控制

4. 路面信息感知互通

通过建设外场交通流量感知设备,搭建交通数据融合平台,充分感知路口交通运行状态。一是采集城区 850km 高精度道路路网信息;二是将互联网交通大数据和交管交通流等多源数据融合,以高精地图为载体,实现交通运行状态监测、交通运行状态评价和信息发布,并对全市交通运行状态进行实时监测(区域监测、路口监测)与掌握;三是对突发警情互联互通,对路口突发警情,通过平台报警、监控调取、指挥调度、信号调控、诱导发布,实现路面突发警情的快速处置、互联互通,如图 15 所示。

图 15　搭建交通数据融合平台

实施效果

1. 联网率进一步提升

中心城区交通信号灯联网率由改造前的不足 30% 提升到 90% 以上，视频监控设备和交通流量采集设备实现了信控路口和城区主干路的全覆盖。

2. 通行速度进一步提升

中心城区路段平均通行时间由 14min25s 下降到 10min27s，下降 27.5%；平均停车次数由调优前 5.3 次下降到 3.61 次，下降 31.8%；平均速度由 34.47km/h 提升至 43.95km/h，提升了 27.5%，缓堵提升效果明显。

3. 群众满意率进一步提升

通过对系统运行效果进行调查问卷，结合市民关于交通信号灯等问题的反映，群众对交通管理服务工作的满意率保持在 90% 以上，对于交通拥堵的投诉减少了 30%。

4. 交通拥堵指数进一步下降

中心城区平均拥堵指数由调优前的 1.34 下降到 1.21，降幅 10.7%，成效显著，极大提升了市民上下班的出行效率，如图 16 所示。

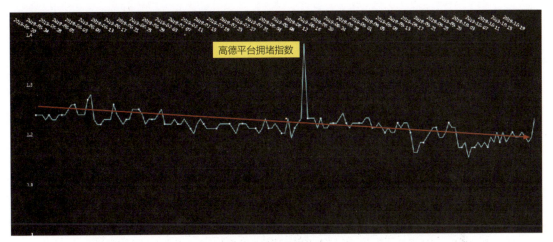

图 16 高德平台拥堵指数

案例小结

针对日趋明显的交通出行问题，东营交警立足当下、服务为民，通过完善外场设施设备，搭建升级中心管控平台，保证日常工作需要，提高管理工作效率；按照一点一策、一路一策的思路对中心城区的拥堵节点、秩序乱点、事故黑点逐一突破；通过数据融合提升了路面信息感知能力，最大化解放警力资源，突发警情快发快处，有效提高了交通管理工作水平。

片区连接线交叉口：借道左右转 + 可变导向车道【陕西西安】

概况

城市交叉口拥堵通常是由于进口车道左转车辆不能在有限的信号时长内完全消散，导致与下一相位的通行车辆形成冲突。造成左转车辆在有限的绿灯时长内不能全部消散的主要原因包括左转车辆需求量大、左转车道数不足、信号控制方案不合理等。为此，秩序处提出一种针对交叉口左转车道通行能力不足的新的交通组织方式——借道左转。同时为了适应复杂多变的交通流在交叉口的通行需求，提出了可变导向车道的手段，这是实现交叉口空间优化的主要手段之一，是顺应交叉口实时交通需求变化的交通组织方式，可进行车道功能的动态分配，对实现交叉口通行效率的提升具有重要作用。该案例以南三环与芙蓉西路十字交叉口为例，研究通过实施借道左转和可变导向车道的手段提升交叉口通行效率的问题。

现状及问题分析

1. 连通南北的重要节点

南三环与芙蓉西路十字交叉口为连通曲江新区一期和二期的重要节点，由于周边南北向横跨南三环通道不足，路网连通性不够，造成该十字交叉口早晚高峰时段车流密集出行，如图 1 所示。

2. 具有明显的潮汐特征

车流潮汐特征明显，如南进口左转与直行车流量不均衡、上下游车道不够匹配、道路资源仍有富余等，并且交通流是在不断变化的。

3. 左转需求不断增加

曲江二期途经十字交叉口左转进入南三环与绕城高速的车流不断增加，左转车流量与日俱增，现有左转车道已难以满足道路通行的日常需求，严重时甚至影响南三环由南向北方向直行车辆的通行。

图 1　南三环与芙蓉西路十字交叉口改造前交通情况

优化措施

1. 设置可变导向车道

根据南三环与芙蓉西路十字交叉口左转与直行车流各时段不够均衡的问题，将该十字交叉口南口第三条车道设置为可变导向车道，在早晚高峰时段左转车流较大时，可变导向车道信息变为左转，增加路口左转车流通行能力；在平峰时段直行车流较大时，将可变导向车道信息变为直行，提升路口直行车流通行效率。这样根据车流量动态调整路口车道导向，最大化利用路口车道资源，避免车道闲置对道路通行能力的制约，从而提升十字交叉口南口整体的通行效率，如图2所示。

图 2　南三环与芙蓉西路十字交叉口改造后实景图

按照国标规定，在车道内侧左右两侧施划倾斜 45°的白色锯齿形标线，并在进入路口前方设置带有 LED 的动态可变导向车道标志牌，如图 3 和图 4 所示。

图 3　LED 动态可变导向车道标志牌

图 4　可变导向车道提前引导交通标志

2. 实施借道左转协同管控措施

针对部分路口左转车流较大，但路口车道有限等问题，在接近路口的地方提前开辟缺口，并通过配套交通标志标线及信号灯设置，将左转车流引导至对向车道等待左转，充分利用闲置的道路通行资源，从而提升路口左转通行效率。该方法目前已在国内很多城市得到广泛的应用，获得了较好的实施效果。

① 在十字交叉口南口约 60m 处利用中央绿化带开辟"借道"缺口。

② 在缺口北侧增设"左转借道"引导交通信号灯、提示标志，并在对向车道施划"借道"引导标线，用清晰、明确的交通指引，规范路口借道车辆的通行秩序，如图 5 所示。

图 5　借道左转车道实施后实景图

为确保驾驶员与行人知晓路口的通行规则，秩序处编制了借道左转三字通行口诀"看标牌、看信号、看标线"。

第一步：看标牌。在左转车辆到达交叉口前，前方会有明显的提示标志提示前方有借道左转车道，驾驶员可按照信号灯指示进行借道左转，如图 6 所示。

图 6　借道左转车道指示标牌图

第二步：看信号。车辆前行至借道左转入口处，会有专用左转借道信号灯进行指示，如遇左转绿灯，则车辆可借道左转；黄灯亮起后，则禁止车辆借道左转（绿灯行，红灯停），如图 7 所示。

图 7　借道左转车道信号实施图

第三步：看标线。左转车辆按照信号灯指示，根据借道左转引导标线进入借道车道，并按照前方路口信号灯指示，顺利左转通过路口，完成整个借道左转过程，如图 8 所示。

图 8　借道左转车道地面标线实施图

实施效果

采用借道左转 + 可变导向车道进行交通组织优化后，南三环与芙蓉西路十字交叉口高峰时段交通压力大大缓解，道路资源得到了合理利用。特别是采取借道左转设计后，十字交叉口南口高峰每小时可多通行左转车辆 200 余辆，左转车流通行能力得到了极大提高。目前秩序处仍在不断根据路口车流量情况，动态调整南三环与芙蓉西路十字交叉口交通信号灯配时方案，最大限度提升借道左转车流的通行效率，确保最大化发挥交通组织优化成效。

案例小结

本案例通过实施借道左转、可变导向车道等交通组织管理方式，以缓解城市交通压力为目标，因地制宜地对目标交叉口进行交通组织优化与管理。根据本案例的成功经验，针对交通流量在道路上呈现的时间分布不均衡问题，可以通过设置可变导向车道对高峰时段以及平峰时段的车辆进行管理与控制，从而提升总体交通的运行效率。对于部分路口存在左转车辆需求较大、现有车道数不满足交通需求的情况，可以利用对向车道的剩余时空资源设置借道左转，以路口信号相位为控制措施，以路中开口和设置标志标线等为管理措施，充分挖掘道路资源，尽可能多地满足车辆通行需求。通过治理方案实施后的良好效果反馈，以上两项措施已成为可复制并可推广的交通组织优化新措施。

核心区主干路交叉口：可变导向车道＋左转右置【湖北武汉】

概况

友谊大道尚隆路十字路口位于武昌区主干道上。友谊大道为双向 6 车道，是南北向贯穿武昌区的主要通道之一，道路沿线分布有大量的居民区、学校和医院等众多交通吸引点，车流较为密集，道路早晚高峰通勤交通需求较为突出。

路口渠化为：南侧主道 4 车道＋辅道 1 车道，北侧主道 4 车道＋辅道 1 车道，路口西侧的尚隆路单车道，东侧目前"右进右出"。由于相邻的友谊大道公正路口东向西方向不能直行，通往和平大道与临江方向的车辆均需在尚隆路左转或掉头，高峰期路口平均饱和度通常在 80% 以上，如图 1 所示。

图 1　友谊大道尚隆路交通拥堵重点交叉口

现状及问题分析

1. 车道布局不合理，车道数与流量不匹配

路口南侧 4 车道原渠化为 1 左＋1 直左＋2 直，存在左转挡直行的情况，后改为 1 左＋3 直，

高峰时段直行放空而左转滞留,后面的左转车辆排队占用直行车道,极易引发进口处的交通拥堵,如图 2 所示。

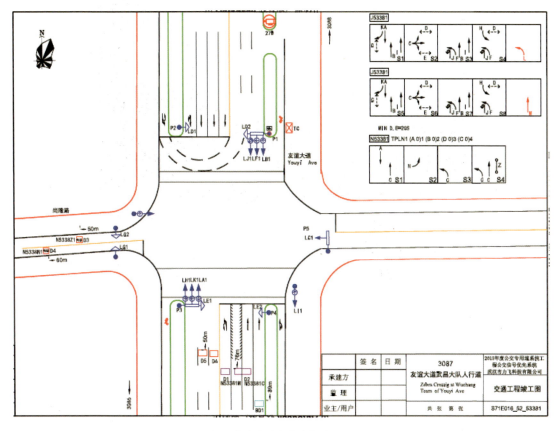

图 2　友谊大道尚隆路交通工程图

2. 掉头转弯半径不足,影响通行效率

路口北侧渠化原为 1 左 +3 直,内侧车道为左(掉头)车道,但流量调查发现北侧流量较小且多为掉头车辆,因转弯半径不足导致通行效率极低,而北侧直行车流量较大,高峰时段 3 车道放行经常发生拥堵,如表 1 和图 3 所示。

表 1　友谊大道尚隆路交通流量调查统计表　　　　　　　　　　　　　(单位:pcu/h)

时段	现状流量				
	南侧左转	南侧直行	北侧左转	北侧直行	西侧
07:30—08:30	970	2200	120	2500	410
11:30—12:30	550	1300	80	1380	260
17:00—18:00	1200	2300	100	2600	350

图 3　友谊大道尚隆路通行状况图

优化措施

1. 调整路口车道布置

路口南侧渠化调整为"左转掉头 + 左转（可变）直行 + 直行"，以匹配车流量避免"鼓包、横堵直"，减少车辆变道干扰。依据流量变化设置可变导向车道：7:00—9:00、11:30—12:30、17:00—19:00 可变导向车道为左转，如图 4 所示。

图 4　可变导向车道指示标志

2. 左转右置，优化直行行驶轨迹

将北侧辅道改为左转（掉头）车道。主道内侧车道改为直行，提前设置车道行驶方向预告标志，施划地面方向指引文字，规范路口行驶轨迹，如图 5 所示。

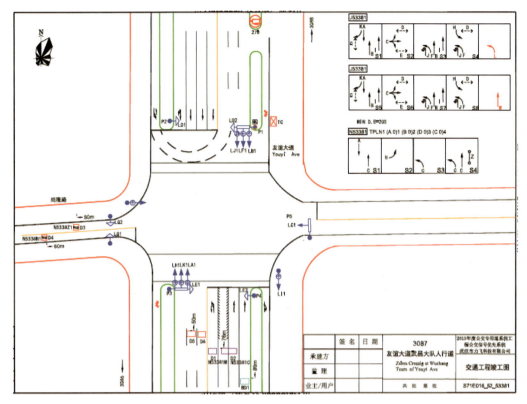

图 5　左转右置交通设计图

3. 优化信号配时方案

依据交通流量，调整信号控制相位，调整绿信比，缩小信号控制周期，优化信号灯配时方案，见表 2 和表 3。

表 2　友谊大道尚隆路优化前信号灯配时方案　　　　　　　　　　（单位：s）

时段	放行方案					周期
07:00—09:30	62	40	26	32		160
09:30—16:00	54	36	26	28		144
16:00—19:00	62	40	26	32		160
19:00—20:30	54	36	26	28		144
20:30—23:00	46	32	22	28		128
23:00—07:00	38		22	28		88

表3　友谊大道尚隆路优化后信号灯配时方案　　　　　　　　　　（单位：s）

时段	放行方案				周期
	KA/G/B S1	L F B S3	H D / L F S4	D / C / E S2	
07:00—09:00	62	24	18	30	134
09:00—16:00	50	30	16	24	120
16:00—19:00	62	36	18	28	144
19:00—20:30	50	30	16	24	120
20:30—23:00	42	22	16	24	104
23:00—07:00	40	—	22	26	88

实施效果

改造完成后早晚高峰路口通行效率提升较为显著，基本未出现车辆排队溢出至下一路口的状况，如图6所示。

图6　优化后早高峰通行情况图

1. 路口通行效率提高

友谊大道尚隆路北侧"左转右置"后直行车道利用率大幅提高，有效缓解了早晚高峰道路拥堵情况，未出现溢出到前进路的情况。

南侧设置可变导向车道后配时周期从 160s 缩短为 144s，配合绿信比优化，南侧基本消除了"鼓包、横堵直"的现象，溢出到公正路的情况也基本杜绝，总体通行效率约提升 10%。

2. 高峰期持续时间缩短

早高峰的结束时间由原 9:30 提前至 9:00 结束，晚高峰由原 19:00 提前到 18:40 结束。

案例小结

本案例针对性地优化了友谊大道尚隆路路口的交通组织，充分调研路口各个时段的交通流量，依据交通流量数据合理分配交通信号灯的绿信比。在路口采用了左转右置 + 可变导向车道综合治理的方法，通过标志标线的有效引导，实现了交通流量在空间和时间上的合理分配，提高了道路利用率和通行效率。

高架下匝道交叉口：双待叠加＋右转待行【山东济南】

概况

北园高架是济南中心核心城区贯穿东西的一条城市快速路。北园历山路口作为车辆进入市区的第一个下匝道，承担着重要的交通转换功能，周边土地开发强度大，社区、医院、办公、商务等建筑分布密集。据统计，路口日均机动车流量6.7万辆，高峰时段9838 veh/h，目前东口匝道车辆排队长度达到830m，已形成常态影响北园高架主线通行，且与全福立交相连而影响二环东路运行，如图1所示。

图1　北园高架-北园历山交叉口高峰时段交通流运行情况示例

现状及问题分析

1. 路口容量不足

北园历山路口高峰时段东进口地面流量达到2786veh/h，其中北园高架下桥流量

1611veh/h，南进口地面流量达到 2469veh/h，加之北园高架快速路匝道接入点距离路口较近，交叉口消散能力与车辆排队储存空间不足，如图 2 和表 1 所示。

表 1　北园历山交叉口流量统计　　　　　　　　（单位：veh/h）

历山北路与北园大街高峰流量统计（周二）					
历山路与北园大街		左转	直行	右转	总计
早高峰	东口	1320	1110	235	2665
	西口	465	1195	670	2330
	南口	670	550	775	1995
	北口	520	915	360	1795
晚高峰	东口	1215	1265	265	2745
	西口	555	965	505	2025
	南口	855	660	920	2435
	北口	530	890	425	1845
历山北路与北园大街高峰流量统计（周三）					
历山路与北园大街		左转	直行	右转	总计
早高峰	东口	1333	1132	239	2705
	西口	461	1219	682	2362
	南口	670	561	789	2020
	北口	517	933	366	1817
晚高峰	东口	1226	1290	270	2786
	西口	553	984	514	2051
	南口	859	673	937	2469
	北口	528	908	433	1868

2. 下桥左转与地面车流干扰严重。

北园高架下桥左转车流量较大，约 800veh/h，下桥匝道连接地面"左转、直行、左转、右转"四条车道，下桥左转车辆将两条左转车道快速排满，下桥直行车辆被"堵"在匝道上，右转车辆在直行车道排队向右变道，直行车道出现"真空区"，造成道路资源浪费，如图 2 和表 2 所示。

图 2　直行车道"真空区"

表 2　东进口下桥与地面流量统计　　　　　　　　　　（单位：veh/h）

路口东进口桥上桥下流量统计（周二）			
历山路与北园大街东口		桥上	桥下
早高峰	左转	855	465
	直行	705	390
	右转	105	120
晚高峰	左转	645	570
	直行	750	510
	右转	165	105
路口东进口桥上桥下流量统计（周三）			
历山路与北园大街东口		桥上	桥下
早高峰	左转	800	533
	直行	700	432
	右转	119	120
晚高峰	左转	736	490
	直行	737	553
	右转	152	118

3. 南北转向交通需求大

北园历山路口东西方向分别与北园立交桥、全福立交桥相连通，路口南北方向高峰期间转向交通需求大，高峰期间单车道排队车辆最多超过 30 辆，交通延误较大，如图 3 所示。

a）晚高峰南进口交通运行情况

b）早高峰北进口交通运行情况

图 3　高峰交通运行情况

优化措施

为最大限度地缓解地面拥堵问题，进一步疏解北园高架交通情况，济南交警在前期多次对北园历山路口交通优化的基础上，结合路网条件及交通流运行规律分析研判，采取"灵活禁左、车道均流、时空挖掘、诱导管控"等交通优化组合拳，对北园历山路口实施综合治理，以此撬动高架路缓堵工程，解决了多年来制约北园高架东向西畅通运行的难题。

1. 灵活禁左，减少车流交织冲突

① 东口采用下桥禁止左转特殊控制，引导下桥车辆绕行七一路、板桥路两个节点分流行驶，充分利用周边节点分担北园历山路口交通压力。

② 增设桥上、桥下隔离护栏，消除车流交织冲突现象，保障车辆安全有序行驶，同时地面车辆设置"双排左转"车道，满足地面车辆左转需求，如图4和图5所示。

图 4　北园高架车辆禁左后绕行路线

图 5　东口增设隔离护栏调整车道功能布局

2. 车道调流，均衡进口车流分布

① 借鉴都江堰水利工程中"分水鱼嘴"分流原理，通过打开护栏开口将地面直行与左转分流，引导直行车辆行驶至主线，缓解交通拥堵。

② 七一路东口通过车道"瘦身"增加一个掉头车道，新增掉头车道布"中"设计，同

时中央绿化带开辟两条掉头通道,实现掉头车辆分离,满足北园历山东口禁左车辆绕行需求,如图6和图7所示。

图6 北园历山东口地面车辆分流

图7 七一路东口车道功能与掉头口设置

③根据交通流分析,同步调整北园历山及周边路口标线,对北园七一东口、北园历山西口、北园历山南口、北园航运路东口等进行车道功能优化调整,满足转向交通需求,如图8所示。

a）北园七一东口最外侧车道功能调整

b）北园历山西口外侧第二车道功能调整

c）北园历山南口外侧第二车道功能调整

d）北园航运路东口最外侧车道功能调整

图 8　车道功能优化调整

3. 时空融合，深度挖掘道路资源

南口增设待行区二级诱导屏，在信号周期内最大限度利用路口内部空间资源，提高南口通行效率，如图 9 和图 10 所示。

图 9　南口施划直行左转待行区标线

图10　北口信号灯杆增设诱导屏

4. 诱导管控，明确交通路权分配

① 围绕下桥禁左、车道功能调整，更换分道标志版面，配合安装"下桥车辆禁止左转"标志与"下桥左转前方500米掉头"标志，引导车辆绕行，如图11和图12所示。

图11　下桥口分道与禁左标志

图 12　东进口禁绕行提示标志

② 北园航运路路口东口增设诱导标志，引导直行、右转车辆提前进入辅路行驶，同时分流北园历山路口地面直行压力，如图 13 和图 14 所示。

图 13　增设右转车辆进辅路标志

图 14　机非分隔带增设直行、右转进辅路标志

③ 高架桥上增设连续提示标志，在南全福大街与历山路下桥口前增设"历山北路下桥车辆禁止左转"提示标志，如图 15 和图 16 所示。

图 15　南全福大街下桥口前提示标志

图 16　历山路下桥口前提示标志

④ 北园历山东口施划"虚实结合"标线，中间车道灵活使用，提高道路资源利用率；增设右转礼让行人待行区，保障慢行安全的同时，提高右转通行效率，如图 17 和图 18 所示。

图 17　东口中间车道设置"虚实线"

图 18　西口右转礼让行人待行区

实施效果

北园历山路口改造完成后,有效缓解了路口及北园高架东向西畅通运行的难题。

① 北园高架由东向西交通拥堵情况缓解,交通延误较大程度降低,高峰拥堵指数降低19.3%,高峰平均运行速度提升至 42.1km/h。

② 路口整体通行能力提升,路口车辆延误指数降低 36.6%,车辆排队长度大幅缩减 60m,平均停车次数降低至 1 次,基本消除二次排队现象。

③ 东进口下桥左转车辆与地面车辆交通干扰基本消除；高峰小时内最大通过车辆数大幅增加，高峰时段平均每周期可多通过 22 辆车，通行效率提升 17.8%。

④ 路口高峰信号周期减少 15s 调整至 200s，东口直行绿信比较优化前提升 9.2%，西口左转通过与南口直行合流放行，绿信比较优化前增加 3.1%，如图 19~图 21 所示。

图 19　导航平台检测拥堵情况明显降低

图 20　鹰眼观察高架排队明显缩短

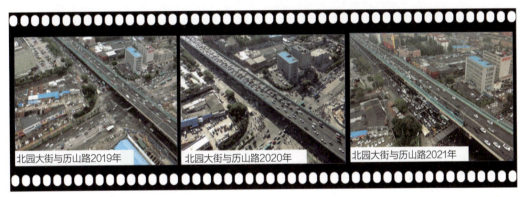

图 21　2019 年、2020 年与 2021 年改造后高峰时段东进口交通运行情况对比

案例小结

针对高架快速路接入瓶颈点段综合治理问题，本案例灵活运用禁限管理，通过"简化流向"、增设隔离设施标线等措施，减少匝道出口对主线道路的影响，优化配置通行空间资源和通行时间资源，实现北园历山路路口及路段、北园高架匝道一体化综合治理，达到均衡路口资源、平衡路网压力、提高通行效率的目的，实现让北园高架快速路"快"起来的目标。

大流量大面积交叉口：综合待行区 + 可变导向车道【山东济南】

概况

经十东路与舜华南路交叉口位于济南市高新区，是东部城区最为重要的交通节点之一，可连接齐鲁软件园片区、汉峪片区、龙奥片区等重点区域，是高新开发区中心区的南大门。受路口周边用地强度大、交通吸引性强的影响，路口机动车、慢行交通流量一直居高不下，日均机动车流量可达 8.5 万辆，每天约有 5.6 万非机动车、行人在路口通行。为改善路口通行秩序，经过持续优化改造，坚持以人为本，采用拓宽非机动车道、增设非机动车待行区、创新推出分区拓展式信号控制系统等手段，利用城市交通大脑对 24h 交通流量进行精准监测和分析研判，实现了路口交通信号自适应控制。如今的这个路口不仅成为济南的典范路口，还成为济南交警打造"路口革命"3.0 版、推动文明典范城市创建的一个缩影，如图 1 所示。

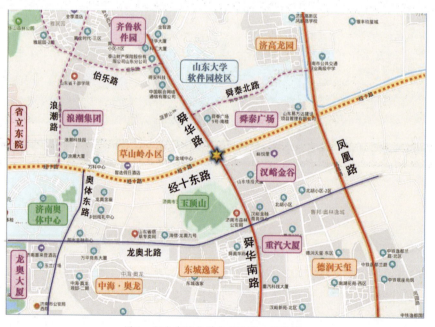

图 1　经十东路与舜华南路路口区位图

现状及问题分析

1. 慢行保障不充分

①东西向非机动车道宽度过窄，仅 1.5m，无法满足非机动车交通需求。

②路口缺少人非隔离护栏，非机动车、行人交通秩序较为混乱。

③经十东路南北路幅宽度达80m，人行横道上缺乏慢行驻足区，慢行过街安全无法保障，如图2所示。

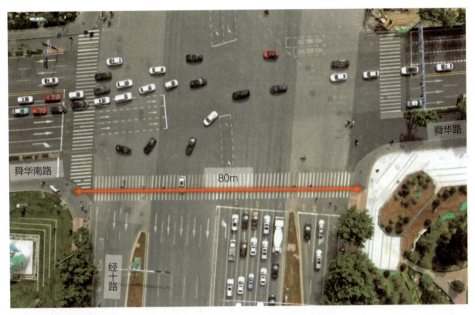

图2　经十东路与舜华南路路口渠化图

2. 交通流交织严重

经十东路主路东进口、西进口最右侧车道设置为直右车道，由于右转车辆不受灯控，其与辅道直行、左转机动车以及非机动车产生严重的交通冲突，存在安全隐患，如图3所示。

图3　主路右转与辅道车交织冲突示意图

3. 辅道通行能力低下

东西向经十东路辅道进口渠化为一条左转车道、一条直右车道与一条非机动车道,瓶颈处仅为一条机动车道及一条非机动车道,进口存车空间不足,辅道车辆通行效率较低,如图 4 所示。

图 4　东进口辅道渠化图

4. 北口空间资源不足

北进口车道功能为"左转 + 直行 + 直行 + 右转",直行和左转两个方向的空间资源均无法满足需求,排队长度超过 400m,溢流至上游交叉口,车辆需要三四个信号周期才能通过路口,如图 5 所示。

图 5　晚高峰北进口排队情况

5. 南口车道利用率低

南口车道为左转、左转、直行、直行、右转，早高峰时段南口左转交通压力较大，两条左转车道能满足左转需求，平峰及晚高峰等时段左转需求较小，直行交通流较大，车道功能配置无法适应各个时段交通流需求，如图 6 所示。

图 6　南进口车道配置渠化图

优化措施

1. 以人为本，保障慢行路权

① 调整车道宽度。优化东西向辅道车道布局，增大非机动车道宽度，由 1.5m 增加至 2.7m，以保障非机动车通行空间，如图 7 所示。

图 7　辅道非机动车布局设计前后对比示意图

② 对路口斑马线和非机动车道进行优化整合。顺直人行横道线，减少行人过街绕行距离，如图 8 所示。

图 8　路口斑马线和非机动车道优化整合效果图

③ 增设慢行待行区。明确非机动车"二次过街"管理模式，便于交通组织与交通管理，如图 9 所示。

图 9　非机动车二次过街待行区效果图

④ 增设行人驻足区。施划醒目的黄色标线，划定行人安全驻足区，从而保障行人过街通行安全，如图 10 所示。

⑤ 在路口转角处或进出口车道范围内安装人非隔离栏，有效保障慢行交通秩序，如图 11 所示。

图 10 中央安全驻足区设置效果图

图 11 路口人非隔离护栏设置效果图

2. 时空联动，提高通行效率

① 北口设置综合待行区信号控制系统。创新采用"空间两次利用"的控制思想，谨遵"四区联动""信号诱导""拓展提效""容错保障"四大控制策略，系统投入使用后北口直行停车延误下降 55.0%，北口左转停车延误下降 43.9%，如图 12 所示。

图 12 综合待行区信号控制系统实施效果图

② 南口设置"直左导向可变"车道，应用于南进口左侧第 2 条车道，早高峰、平峰时车道功能为直行，晚高峰时期为左转，有效解决了不同时段直行、左转流量分布不均的情况，同时设置直行待行区，将空间资源利用率达到最大化，如图 13 所示。

图 13　可变导向车道实施效果图

③ 东西向进口经十东路辅道各增加一条机动车道。通过优化车道宽度，设置一条右转专用车道，提高右转通行效率，如图 14 所示。

图 14　辅道车道配置优化实施效果图

④ 增设路口待行区。利用交叉口内部空间资源增设右转待行区、东西左转待行区、南口直行待行区，并增设待行区诱导提示屏，实现路口待行区"二级诱导"绿波控制，减少车辆二次启动延误，提高路口通行效率，如图 15 和图 16 所示。

图 15　交叉口右转待行区实施效果图

图 16　交叉口待行区诱导屏实施效果

3. 科技赋能别具匠心

① 行人闯红灯自动抓拍系统。前端设备自动采集不按信号通行、不按车道通行的非机动车、行人图片,利用路口斑马线前信号灯集成显示屏进行实时曝光,如图 17 所示。

图 17　行人闯红灯自动抓拍系统

② 机动车不礼让斑马线抓拍系统。该设备能够在行人绿灯信号亮起时,自动对强行通过斑马线、妨碍非机动车和行人通行的车辆进行抓拍取证,如图 18 所示。

图 18　机动车不礼让斑马线抓拍系统

③ 非机动车语音声光提示系统。借用高速公路雾区防撞技术,配合路口交通信号相位,通过地面光幕或光带的方式提示行人、非机动车按照信号指示通行,采用红外线感应装置,对不按照信号指示通行的人员进行语音警告,如图 19 所示。

图 19　非机动车语音声光提示系统

④ 防溢出机动车抓拍系统。该系统通过视频分析跟踪技术检测路口的拥堵状况，一旦路口发生拥堵，对于未主动停车、继续进入超过 15s 未能通过路口的车辆进行抓拍，最大限度地避免因流量饱和造成交通拥堵的"连锁反应"，如图 20 所示。

图 20　防溢出机动车抓拍系统

⑤ 电动自行车违法图像采集和号牌识别系统。通过加装视频图像采集终端，自动识别过往电动自行车的牌照，并对逆行、闯红灯、不戴头盔等行为进行采集和查处，如图 21 所示。

图 21 电动自行车违法图像采集及曝光平台

4. 路口文化润物无声

① 路面文明标语。在机动车停止线前喷涂"车让人人让车"字样,在非机动车停止线前喷涂黄色"守住生命安全线"字样,表明停止线是规则的底线,也是生命的安全线,既要遵守法规不越有形的线停车,也要在内心划定无形的道德、法律底线。另外,在右转行人斑马线前喷涂"礼让"字样,提示右转车辆礼让行人,如图 22 所示。

图 22 路面文明标语

② 路口文化三字经。通过设置"一减速二观察三礼让"标牌和"莫逆行勿闯灯线内停"彩色字,提示交通参与者遵守通行规则,如图 23 所示。

图 23　路口文化三字经

③ 白鹭遮阳棚。济南夏季炎热，冬季严寒，雨雪恶劣天气频繁。为此，在路口四个非机动车等候区加装了白色遮阳棚，夏季为过往群众挡住似火骄阳，冬季遮挡雨雪，彰显对交通参与者的人文关怀，也体现了城市的温度，如图 24 所示。

图 24　白鹭遮阳棚

④ 网红打卡地。利用路口东北角黄金转角地带，设置了一个微型的交通安全主题公园，并把它打造成现在比较流行的"网红打卡地"。这也是路口文化的拓展和延伸。其中包含了交警形象立体圆雕和可乘坐式汽车模型、动感有趣的背景框架，体现了当前正在开展的"一盔一带"安全守护行动等活动主题，吸引市民群众拍照打卡，以参与互动的方式将文明出行风尚根植其内心，如图 25 所示。

图 25　交通安全主题公园

实施效果

本案例按照"以人为本"的理念，通过理顺行人过街流线、增大非机动车通行空间，保障慢行"行得畅通、停得安全"；通过采用分区拓展式信号控制系统及可变导向车道，使路口整体通行效率提升近40%；通过人脸识别、即时曝光等科技手段，真正管住了行人、非机动车闯红灯这一"顽疾"；路口文化的打造，更是市民素质的展现，也是城市文明底蕴的彰显。

案例小结

本文针对济南市经十东路与舜华南路交叉口交通流交织严重、辅道通行能力低下、进口空间不足、车道利用率低、慢行保障不充分等问题，采取了以人为本保障慢行路权、时空联动提高通行效率、科技赋能别具匠心、路口文化润物无声等措施，取得了路口整体通行效率提升近40%的治理效果。

近距离双 T 形交叉口：交叉口二合一 + 左转外置【山东烟台】

概况

环海路为集疏港交通通道，承载着港、城、景对外交通和市内交通。该路面改造前机动车道路面宽 23m，道路断面为三幅路形式，双向 6 车道，机非绿化带宽 3m、非机动车道宽 6m，存在重要节点交通拥堵、沿线交通安全设施老化、道路断面形式不能适应需求等短板问题，严重影响市民出行品质。祥祯路与环海路、保税区与环海路交汇形成距离约为 50m 的近距离路口。环海路机动车车流中货车比例占 40% 以上，早晚高峰从幸福区片到保税区出行者多采用摩托车、自行车和步行方式，路口人车混行，交通事故风险高。

现状及问题分析

祥祯路与环海路、保税区与环海路交汇形成距离约为 50m 的近距离路口。该路口位于环海路北段，为典型的近距双 T 形交叉口，路口车流中货运车辆比例高，交通组织难度较大，如图 1 所示。

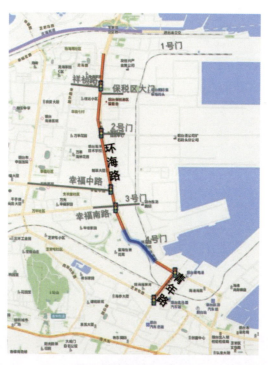

图 1 环海路道路区位图

环海路－祥祯路交叉口位于环海路北段，环海路改造前，道路交通特征如下：

1）环海路为城市主干道，机动车道双向 6 车道，路面宽 42m，每侧非机动车道宽 5.6m，机动车道和非机动车道之间有绿化带隔开，中央护栏隔离，三块板结构。

2）祥祯路为城市次干道，机动车道为进口 3 车道，出口 2 车道，路面宽 24.2m，一块板道路，中央护栏隔离。

路口主要问题如下：

1. 不规则路口

祥祯路与环海路、保税区与环海路交汇形成了近距双 T 形交叉口，该路口交通组织为两个开放的错位 T 形路口。路口南进口由 3 车道 +1 绿化带 +1 非机动车道（20.84m）渠化拓宽为 1 左掉头 +1 直 +1 直右 +1 绿化带（3m）+1 非机动车道（5.6m）；北进口由 3 车道 +1 绿化带 +1 非机动车道（20.84m）渠化拓宽为 1 右 +2 直行 +1 绿化带（3m）+1 非机动车道（5.6m）；西进口由 3 车道 +1 非机动车道渠化拓宽为 1 左掉头 +1 左转 +1 右 +1 非机动车道（2m），如图 2 所示。

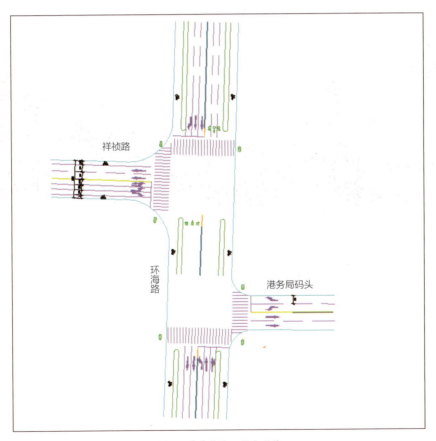

图 2 改善前路口渠化现状

路口早高峰时段南进口流量为 1032veh/h，南向西左转机动车流量为 543veh/h，其余为直行机动车，南向北非机动车基本为电动自行车，流量为 41veh/h；北进口流量为

1241veh/h，北向西右转机动车流量为 523veh/h，其余为直行机动车，北向西右转非机动车基本为电动自行车，流量为 84veh/h；西进口流量为 768veh/h，西向南左转机动车流量为 432veh/h，西向南非机动车流量为 56veh/h，行人过街主要为由南向北横过祥祯路，早高峰流量较集中，约为 98 人/h。晚高峰北进口、西进口流量特征与早高峰类似，但是由于港务局码头进出车辆，南进口流量发生了变化，南向西左转流量达到 648veh/h。高峰时段拥堵状况严重。

2. 大型车排队易溢出

两个 T 形交叉口错位 60m 多，车流中大型车辆左转进港时排队溢出路口，高峰期常导致路口自锁，交通拥堵严重，如图 3 所示。

图 3　交叉口货车进港排队长

3. 左转车辆变道困难存在隐患

南侧 T 形路口东进口右转车辆去往祥祯路需要在 30m 内完成变道进入北侧 T 形路口南进口左转车道排队等候信号，这一方面变道困难、隐患大，另一方面左转排队长时右转汇流车辆在直行车道斜插等待，阻碍路口车辆通行，常导致秩序混乱，路口通行效率下降，如图 4 所示。

4. 路口转角区内秩序混乱、事故多发

大型车辆比例高，右转机动车转弯半径较大，车速快，且大型车辆右转存在内轮差，易碾压在路口转角等候的行人及非机动车。

5. 路口信号优化条件较差

由于大型车辆比较高，行人、非机动车过街受到限制，以及近距路口特征，路口相位配时不够灵活，信号调控方案难以实施。

图 4　右转机动车进入左转车道冲突

优化措施

祥祯路与环海路、保税区与环海路路口调整为 1 个丁字路口，将南侧 T 形路口中央护栏开口关闭，封闭路口，在祥祯路与环海路南进口施划外置 1 条左转车道，实现路口通行效率提高和秩序改善，如图 5 所示。

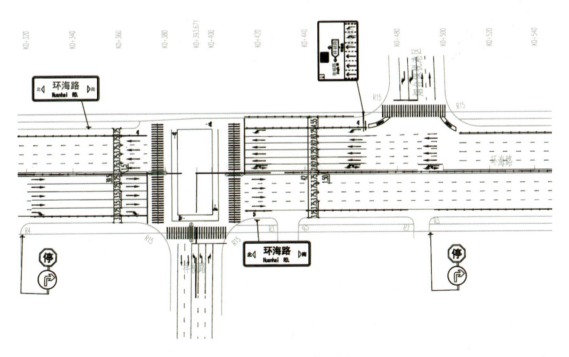

图 5　交叉口渠化调整后方案

1. 近距交叉口整合为 1 个路口

将原保税区与环海路路口中央护栏关闭,将近距双 T 形交叉口调整为 1 个路口,即环海路与祥祯路丁字路口,改善路口秩序,如图 6 所示。

图 6 调整为 1 个路口方案

2. 南进口左转车道外置

路口整合为 1 个路口后,为解决从港口出来的车辆左转变道难、风险高的问题,将 1 条左转车道调整为外置左转,配合信号管控,如图 7 所示。

图 7 南进口左转车道外置方案

3. 大货车右转必停管控

在大货车转弯的右转转角处设置盲区警示区、标志，并连接路口非机动车道外缘线，优化路缘石半径至 15m，等候区圆曲线采用石墩方式将行人等候区与路口三角区物理分隔，辅以标志提示。设置盲区提示标线和相关管控标志，防止大货车因内外轮差导致的交通安全事故，如图 8 所示。

图 8　大货车右转盲区警示方案

4. 设置机非隔离护栏

设置机非隔离护栏，实现非机动车与机动车物理隔离，明确路权，优化路口通行秩序，如图 9 所示。

图 9　机非隔离方案

5. 设置行人二次过街安全岛

行人一次过街距离≥16m 时设置行人二次过街安全岛，如图 10 所示。

图 10　设置行人二次过街安全岛

实施效果

① 将近距双 T 形交叉口调整为 1 个路口，减少车流冲突，路口秩序和效率大幅提高。

② 在路口南进口采用 1 条左转车道外置方案，杜绝因右转车直接穿越环海路跨车道变道左转带来的隐患和拥堵问题，提高了路口通行效率。

③ 大货车右转弯路口转角上设置右转盲区提示标线，明确转角区的通行权，通过设置隔离柱、机非护栏等物理分离大型车辆右转空间与慢行交通等候空间，防止因内外轮差导致的交通安全事故，有效减少右转机动车碾压行人及非机动车的交通事故。

④ 调整为 1 个路口后，信号控制更加简单，可更灵活配置相位方案，容易实现路口间的绿波控制，如图 11 所示。

图 11　交叉口实施效果图

案例小结

本案例通过实施近距双 T 形交叉口调整为 1 个 T 形路口的交通组织方案，简化了路口车流间的流线，使冲突降低，同时，通过 1 条左转车道外置解决了东口右转车穿越环海路进入左转车道带来的安全隐患和通行效率问题，有效缓解了近距双 T 形交叉口交通组织困难、左转车冲突严重、转角区内存在事故隐患、机动车通行秩序混乱等问题。

多向交织的交叉口：左转右置＋可变导向车道【浙江宁波】

概况

三支街－尹江路 T 形交叉口位于宁波市海曙区南门街道的核心地段，是片区车流汇集的主要节点之一。交叉口西侧为铁路宁波站，交叉口西口有匝道可上行至宁波站二层落客平台，是车辆进出落客区的必经路口之一，并通过尹江路隧道连通夏禹路高架和机场路高架，直接连入城市快速路系统；东侧的尹江路连接澄浪桥，跨越奉化江后，可直达宁波鄞州中心城区。交叉口所在的尹江路为双向 6 车道，是东西向贯穿宁波城区的主要通道之一，道路沿线分布有大量的居民区、医院和景点等众多交通吸引点，有多条公交线路途经，人流和车流均较为密集，道路早晚高峰通勤交通需求较为突出。

交叉口西口的机动车道为 4 进 5 出（2 条出口车道衔接落客平台、2 条出口车道连接尹江路隧道、1 条出口车道至居住小区），东口对应为 4 进 3 出。交叉口南侧的三支街为支路，南口车道为 2 进 2 出。由于交叉口所处的特殊位置，使得铁路宁波站的接送车流与城区通勤车流在交叉口内部重度交织，早晚高峰期间拥堵严重，高峰期路口平均饱和度通常在 0.85 以上（0.8 即为严重拥堵），如图 1 所示。

图 1　尹江路交通拥堵重点路段

现状及问题分析

1. 车道布局不合理，交织冲突严重

交叉口东进口向右侧进行了渠化展宽，将路段的单向 3 车道，在路口渠化为 4 车道，并在渠化展宽段内设有 1 处公交停靠站。由于东进口的公交车必须在交叉口左转弯才能进入铁路宁波站的公交场站，因此，东进口由北向南的车道分布采取了"左转 + 直行 + 直行 + 左转"的非常规布置，以方便公交车左转弯。但这种车道布局直接导致了"陷阱车道"的隐患，道路最外侧车道内的直行车辆行至路口时，必须向左变道才能汇入中间的直行车道，变道的交织冲突严重。高峰期间由于直行的车流量较大，这种交织冲突情况尤为突出，东进口车道的通行能力大幅折减，直行效率低，极易引发进口处的交通拥堵，如图 2 所示。

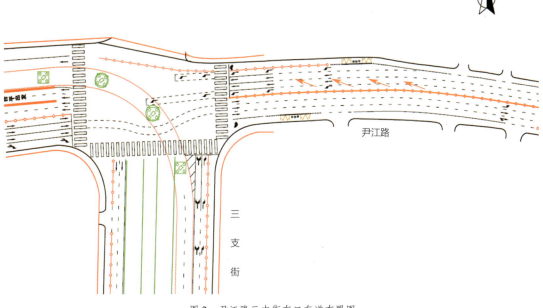

图 2　尹江路三支街东口车道布置图

2. 车流方向复杂，驾驶压力大

交叉口西口的 5 条出口车道有 3 个出口方向，最北侧 1 车道为通往荣安世家居住小区的地面通道，车辆以达到性为主；中间 2 车道为通往宁波站南落客平台及夏禹路高架的高架匝道，落客车辆与中远距离的过境车辆均较多；南侧 2 车道为通往苍松路方向的尹江路隧道，车辆多为近距离的过境车辆。同时，交叉口内部中心位置还留有高架匝道桥墩，视线遮挡严重，对驾驶员的行车视距、车辆的行驶轨迹均造成较大干扰，通过交叉口时的驾驶任务较重，存在一定的交通事故隐患，如图 3 所示。

图 3　尹江路三支街东往西流向图

3. 车道布置与流量不匹配

根据交叉口东进口交通流量的持续监测数据来看，交叉口以东西方向直行流量为主，左转需求不大，高峰期间 2 条直行车道基本饱和，东进口车辆排队甚至会溢出至后方的三市路路口，而左转车道流量较小，导致部分直行车辆通过左转车道行驶至路口加塞，加剧了交叉口的拥堵，如表 1 和图 4 所示。

表 1　尹江路三支街东进口交通流量调查统计表　　　　　　　　　　（单位：pcu/h）

时段	现状流量		
	左转（南侧）	直行	左转（北侧）
07:30—08:30	70	1539	59
12:00—13:00	104	1024	68
17:00—18:00	128	1768	56

图 4　尹江路晚高峰通行状况图

优化措施

1. 调整路口车道布置

交叉口东进口车道由南向北方向调整为"直行＋直行＋左转掉头(可变)＋左转(可变)",将左转车道全部"右置",同步调整路口标志标线,减少车辆变道干扰,如图5所示。

图5 左转右置方案设计图

2. 优化直行行驶轨迹

根据路口车道布置调整,分别引导去往不同目的地的车辆有序行驶、各行其道。引导去往尹江路隧道方向车辆通过南侧第1条直行车道通行,引导去往宁波火车站南落客平台车辆通过南侧第2条直行车道通行,减少路口内车流的交织冲突。提前设置车道行驶方向预告标志,施划地面方向指引文字,规范路口行驶轨迹,如图6和图7所示。

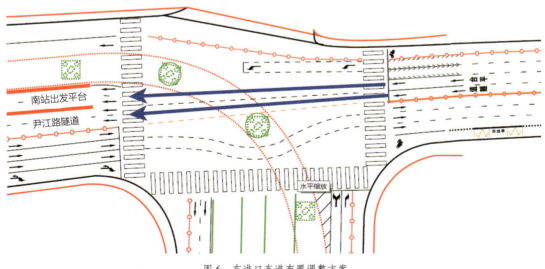

图6 东进口车道布置调整方案

图 7　增设地面预告标识

3. 增设路口可变导向车道

根据东进口早晚高峰直行与左转的机动车流量情况，将东进口最北侧的 2 个车道设置为可变导向车道，其中早晚高峰期间（7:00—9:00，16:30—18:30）将东进口 4 车道设置为"直行 + 直行 + 直行 + 左转掉头混行"，同步延长最北侧左转掉头混行车道的待转区长度，增加续车能力；其余时段车道设置成"直行 + 直行 + 左转掉头混行 + 左转"，同步完善可变导向车道标志、标线设置。

路口综合改造前后的交通组织方案，如图 8 和图 9 所示。

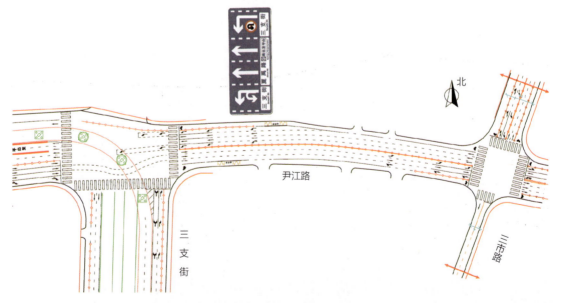

图 8　改造前交叉口渠化设计图

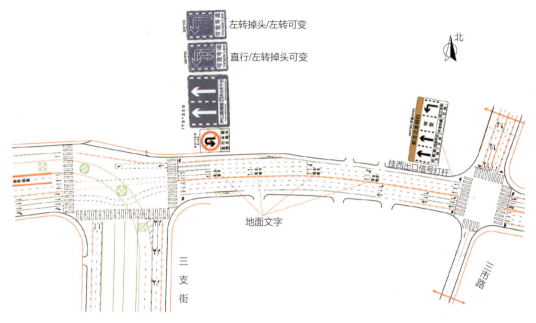

图 9 改造后交叉口渠化设计图

实施效果

从目前整体通行状况来看,改造完成后的早晚高峰交叉口通行态势处于"忙而不乱"的状况。交叉口基本未出现车辆排队溢出至下一路口的状况,通行效率提升较为显著,如图 10 所示。

图 10 优化后早高峰通行情况图

1. 路口通行效率提高

三支街－尹江路东进口采用左转右置＋可变导向车道交通协同管控措施后，有效缓解了早晚高峰道路拥堵情况，大大提高了通过尹江路去往城市快速路系统的通勤交通以及去往铁路宁波站的接送交通的通行效率，高峰期间路口平均饱和度下降至 0.67（一般拥堵），通行效率约提升 21%。

2. 高峰期持续时间缩短

早高峰的结束时间由原来 9:15 提前到 8:45 结束，晚高峰由原来 18:40 提前到 18:15 结束。综合来看，早晚高峰的拥堵持续时间均提前约 30min 结束，疏堵保畅效果突出。

案例小结

本案例针对宁波市三支街－尹江路交叉口车道渠化组织不合理、各时段流量不均衡的问题，在充分分析研究道路交通流量变化的基础上，及时优化并调整了路口车道布置。在交叉口采用了左转右置＋可变导向车道综合治理的方法，通过标志标线的有效引导，实现了交通流量在空间和时间上的合理分配，提高了道路利用率和通行效率。目前，可变导向车道已逐步在宁波市区及各县市区进行推广使用，城区已先后投用 142 处可变导向车道，有效挖掘道路通行潜能，对城市交通拥堵治理发挥了积极作用。

大型环岛交叉口：定向车道 + 控进又控出【山东威海】

概况

海滨路－上海路环岛位于威海市经济开发区，又被称为杨家滩转盘，是由海滨路、上海路、大庆路组成的 5 岔口环岛。杨家滩转盘直径约 105m，环岛内规划有 3 条车道，逆时针单向通行。

现状及问题分析

杨家滩转盘周边分布有威海二中、皇冠中学、经济开发区实验小学、韩乐坊商圈，以及杨家滩花园等小区，居民生活区密集，人车流量大，高峰期流量达到 4692pcu/h。当流量处于饱和状态时，容易形成交通拥堵点。杨家滩转盘主要存在早晚高峰出行需求大，通行秩序混乱，交通事故频发等问题，如图 1 所示。

图 1　杨家滩转盘区位现状

1. 早晚高峰出行需求大

杨家滩转盘周边学校、居住区密集，早晚高峰出行需求大。当一段时间内涌入环岛的车辆太多,就会造成车辆在环岛内难以变道,内环车辆被锁在环岛内,从而造成交通瘫痪,如图2所示。

图2 杨家滩转盘高峰拥堵

2. 通行秩序混乱

环岛内部交通秩序混乱,冲突点多、延误大,通行效率低。环岛标线未明确车辆进出环岛的优先通行权,导致大部分驾驶员抢行现象严重,形成第一个冲突点。驾驶员未提前选择车道,导致车辆在环岛内二次变道或连续变道,形成第二个冲突点,如图3所示。

图3 环岛冲突点

3. 交通事故频发

由于进出环岛的车辆没有信号灯控制，机动车、非机动车、行人不受限制地通行，交通事故多发。据统计，杨家滩转盘平均每两天便会发生一起交通事故，且事故车辆如不及时离开，对后续车流形成阻碍，会进一步引发交通拥堵。

4. 车流回溢

无信号灯控制的状态下，大量车流由环岛驶入海滨路北。特别是在海滨路施工期间，海滨路－华夏路北口通行受限，车流经常溢出至环岛，如图 4 所示。

图 4　海滨路车流溢出至环岛

5. 环岛标识、标线不完善

环岛内渠化岛施划不合理，行车路线不流畅，进出环岛车辆动线受限，斑马线不完整或施划位置不合理。

优化措施

1. 设置二次停车线

对应环岛 5 处进口车道位置，施划停止线，并结合信号灯控制，规范行车秩序，减少车辆冲突，如图 5 所示。

图 5 环岛内部施划停止线

2. 施划定向车道

海滨路南北、上海路东西、大庆路五处进口车道均标示道路名称，引导车辆提前选择车道，避免进入环岛后变道形成冲突点，如图 6 所示。

图 6 路面文字标识

3. 控进又控出的信号控制策略

将存在冲突点的各向左转车辆与对向车流在时间和空间上进行分离，左转车流经过两次停车控制通过环岛，实现左转车辆的二次放行，同时预留清空时间，及时清空环岛内车流，避免车辆冲突，提高路口通行效率，如图7所示。

图7 优化后效果

通过统计高峰期各路口进入环岛的流量，找出流量相当的路口（图8）：大庆路（1830pcu/h）-上海路西（1140pcu/h）；海滨路南（558pcu/h）-海滨路北（877pcu/h）；上海路东（278pcu/h）。

图8 环岛高峰各向流量

其次根据流量分布特征,将环岛信号控制分为四个相位,如图9所示。
相位一:放行海滨路南、海滨路北直行车辆,左转车辆待行。
相位二:放行上海路东车辆,同时清空环岛内车流。
相位三:放行大庆路、上海路西直行车辆,左转车辆待行。
相位四:环岛内全部绿灯,环岛外全部红灯,只出不进,清空环岛内车流。

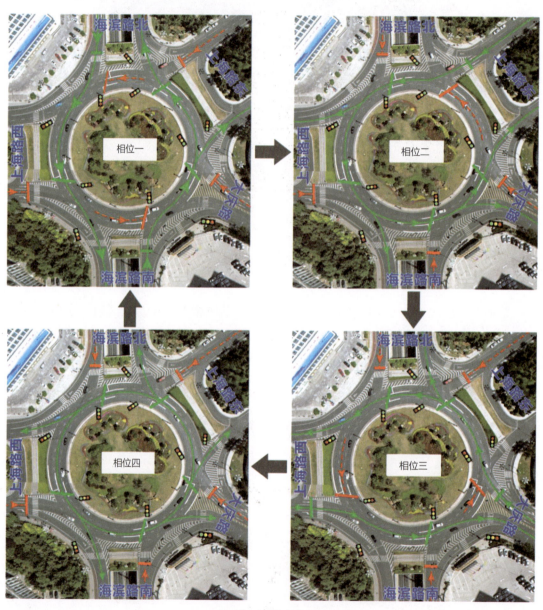

图9 环岛相位

实施效果

1. 通行秩序改善

优化前，环岛内冲突点多，尤其是进入环岛与驶入环岛的车辆横向冲突较大，其次环岛内部车辆交织现象严重，剐蹭事故多，通行秩序较为混乱。优化后，消除了车辆进出环岛的冲突点，车辆"各行其道"，交织冲突明显下降，事故率较未优化前下降了95%，如图10所示。

图10 优化前后通行秩序对比

2. 拥堵程度下降

优化前,因环岛紧邻二中南校区,学生周末放假时,大量车路边停靠接送,导致上海路通行缓慢,进而造成转盘"锁死"。优化后,有效限制了驶入上海路方向的车流量,缓进快出,确保转盘内通行畅通,保证其余方向通行车辆不受影响,且再未发生转盘锁死现象,高峰期各方向排队车辆 2 个信号周期内均可通过。

案例小结

本案例针对威海市海滨路-上海路环岛交叉口交通流量集中、通行秩序混乱、排队车辆溢流、交通事故频发等交通问题,提出了设置二次停车线、施划定向车道、控进又控出的信号控制策略等交通组织和控制措施,取得了较好的改善效果,为同类城市的大型环岛交叉口改造提供了借鉴。

第二篇

交通性主干路协同管控案例

高架快速路：潮汐车道 + 交替通行
【广东广州】

概况

广州解放北高架位于越秀区西部，呈南北走向，为解放北路横跨东风中路的一座桥梁。其北起西汉南越王博物馆，南临解放北路府前路路口，全长约850m。解放北高架共设有3条车行道，其中，南往北方向车道2条，而北往南方向车道仅有1条，日间交通运作拥堵严重，如图1所示。

图1 解放北高架位置示意图

现状及问题分析

解放路南接解放大桥至海珠区，北连机场路、三元里大道至白云区，为市中心区重要的进出通道之一，日均车流量较大。由于解放北高架仅有3车道，与通行能力不匹配，严重影响了解放北路的通行效率，每天早高峰通勤期间，北往南方向的车流平均速度仅为

11.52km/h，远低于对面南往北方向车流44.58km/h的运行速度，北往南方向车流达到饱和，拥堵较为严重，车辆排队较长，在上桥位存在明显抢道等情况；而南往北方向全天运作良好，通行能力有明显富余，如图2和表1所示。

图2 改造前北往南方向1车道上游拥堵排队情况示意图

表1 解放北高架改造前交通运作分析

类型 / (pcu/h)	早高峰（7:30—8:30）		平峰		晚高峰（17:30—18:30）	
	北往南	南往北	北往南	南往北	北往南	南往北
工作日平均流量 / (pcu/h)	1406	2039	1300	1750	1294	1950
饱和度	1.01	0.68	0.93	0.58	0.92	0.65

优化措施

1. 设置潮汐车道

对解放北高架中间车道进行潮汐车道改造，施划潮汐车道线和相关地面文字标记，安装潮汐车道预告标志、交通指示灯、监控设备等。

① 在高架桥南北两端上游设置LED潮汐车道预告标志，提前告知驾驶员前方高架桥车道分布情况，准确选择车道。

②在高架桥南、北端起点及桥面上，共设置五组门架式信号灯，门架上的信号灯对应相应的地面车道，为过往车辆提供信号指引，如图 3 所示。

a）门架式分车道信号灯（双面）

b）潮汐车道南北两端指路标志和上游 LED 预告标志

图 3　潮汐车道设置

2. 动态控制车道分配

由于解放北高架高峰期双向车流量均较大，某方向长时间单向 1 车道都有可能造成上桥路段交通拥堵，车辆延误增加。因此解放北高架潮汐车道采取的是动态人工调控技术而非定时控制方式，交通管理部门根据交通监控和现场实时运行情况，灵活确定车道变更时间和变更方式。由于高架桥两端及桥上共配置了 5 组车道信号灯，交通调控时可准确、快速向驾驶员传达车道变换信息，基本可在 2~3min 内完成中间车道清空，车道转换效率很高，如图 4 所示。

3. 实施交替通行控制方式

当解放北高架某一方向为 1 车道通行时，在上桥位将存在车道 2 变 1 情况，形成汇流冲突。为保障车辆通行安全，在高架桥两端上桥位车道合流处设置交替通行的控制模式，完善相关标志标线，引导解放高架上桥位"2 变 1"车道的车流有序通行，如图 5 所示。

图 4　中间车道清空过程示意图

图 5　解放北高架两端上桥位交替通行控制方式示意图

实施效果

实施潮汐车道后,解放北高架整体通行效率得到提升,有效缓解了交通拥堵。

1. 控制方式灵活，工作日高峰小时总流量增长 22%

工作日高峰时段利用灵活控制的方式实施潮汐车道，高架桥双向总流量由 2952pcu/h 增加至 3615pcu/h，增加 663pcu/h，涨幅为 22%，高架桥上断面平均饱和度由 0.73 上升到 0.89，道路资源得到了充分的利用。控制中心通过监控适时切换潮汐车道行驶方向，能有效避免单方向上桥位出现严重拥堵，道路资源的分配更趋合理，如图 6 所示。

图 6　早高峰北往南方向上游拥堵得到明显缓解

2. 双向车速保持均衡稳定，避免出现严重失衡情况

解放北高架两侧上桥位坡度较大，大车爬坡车速较慢，容易形成交通瓶颈。启用潮汐车道后，工作日早高峰时段，北往南平均车速由 11.52km/h 上升至 24.35km/h，增长 111%，高于拥堵警戒线 20km/h，通行效率有显著提升；南往北方向减少为一车道后，在高峰时段迎宾馆上桥位处出现交织汇入和排队情况，平均车速下降至 20.4km/h，接近拥堵警戒线。但由于潮汐车道的切换采用灵活模式，南侧上桥位交通压力较大时，中间车道会切换回南往北通行，因此南侧上桥位平均车速能保持不低于 20km/h，可见实施后能有效避免出现解放北高架双向车辆通行速度严重失衡的情况，提高了道路资源利用率，如图 7 所示。

3. 两端上桥位交通秩序改善

通过在解放北高架上桥位设置交替通行控制方式，车辆抢道现象基本消除，不仅有效提升了通行效率，且降低了安全隐患，减少路段因抢道发生交通事故而造成的拥堵。

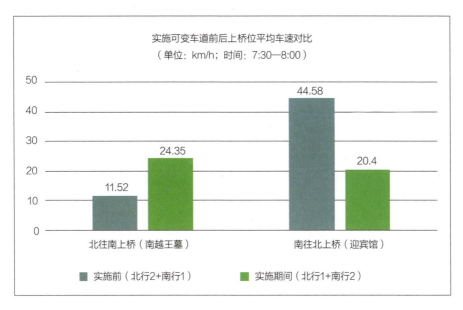

图 7　解放北高架潮汐车道实施前后车速对比

案例小结

本案例针对广州市解放北高架通行能力不匹配的问题，在充分分析研究道路交通流量变化的基础上，结合现有道路条件，通过采取设置潮汐车道并进行动态调控的方法，同时在桥梁两端上桥位运用交替通行控制方式，实现了道路资源的充分利用，提高了通行效率，缓解了交通拥堵。

潮汐车道的运用旨在合理调配车流在时间和空间上的分布，充分利用道路资源，缓解交通拥堵。部分道路受限于道路空间无法单纯通过设置潮汐车道采取定时控制满足双向需求，须人工动态灵活控制，才能更好地发挥交通管理作用。本案例可较好地为潮汐车道应用提供相关经验，为其他城市运用提供参考。

片区连接通道：借道左转车道 + 可变导向车道【陕西西安】

概况

目前城市"职住分离"的布局模式导致区域间的交通干道承受极大交通压力，工作日通勤车流形成的"潮汐"现象制约高峰时段区域路网通行效率。本案例通过在通勤干道采用"借道左转"的组织形式，结合可变导向车道的设计以及相关引导标志设施的设置，充分利用"潮汐"路段对向车道的空间资源，因地制宜优化交通组织。

现状及问题分析

西沣路与西沣二路十字作为三环以南连接高新区与雁塔区的重要节点，周边商住密集，人口流动量大。其中十字东侧雁塔区分布万科高新华府等大型社区，西侧高新区分布中兴等大型产业园，存在明显的职住分离现象。根据西安交警智能信号灯大数据平台分析，工作日早高峰时段（7:00—9:00）交通流量高达 1397pcu/h，且由于日常通勤导致的潮汐现象明显，尤其是早高峰时段西沣路与西沣二路十字东进口上班集中出行，交通流量极大，导致路口排队较长，严重时已波及西沣路东侧区域路网通行，如图 1 和图 2 所示。

图 1　西沣路与西沣二路交通区位

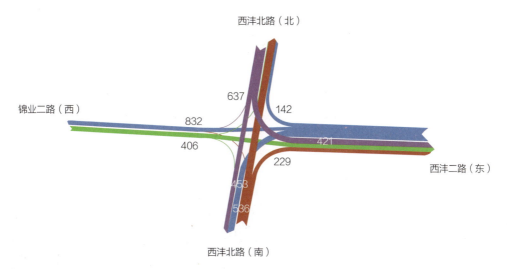

图 2　西沣路与西沣二路交叉口交通流向流量分布

西沣路与西沣二路交叉口的交通运行状况目前主要存在以下问题。

1. 交通流过饱和

目前西沣二路周边东西向道路连通性较差，缺少贯穿东西向的干道为其分流，导致西沣二路通行压力过大。

2. 高峰期排队溢出

西沣二路交通流"潮汐"现象明显，早高峰东进口不同流向均有较大的通行需求。且由于用地限制，交叉口难以拓宽，因此车流整体延误较大，早高峰时段常出现排队溢出现象。

3. 机非冲突严重

西沣路与西沣二路、锦业二路两处交叉口距离较近，人行横道线设置不合理，导致机非冲突严重，车流通行速度较低，如图 3 所示。

图 3　西沣路与西沣二路交叉口交通拥堵情况

优化措施

1. 设置借道左转和可变导向车道

启用"借道左转"的通行模式,将东出口最内侧车道设置为借道左转车道,早高峰时段内该车道为东进口左转专用车道,其余时间作为东出口车道放行西向东的直行车辆;将东进口最内侧车道设置为可变导向车道,早高峰时段放行东进口的直行车辆,平峰时段则作为东进口左转专用道使用,如图4所示。

a)早高峰时段　　　　　　b)平峰时段

图4　借道左转和可变导向车道设置情况

2. 完善交通管理设施

在东出口车道内施划"潮汐车道""可变导向车道"的地面文字标识,并于借道左转车道起点上方增设车道信号灯、电子提示屏,在路侧设置多处指示标志引导驾驶员通行;同时,在东进口向东增加约180m的中央隔离护栏,确保借道车辆安全通行,如图5所示。

a)路侧标志牌　　　　　　b)电子提示屏

图5　交通管理设施设置情况

3. 完善行人过街设施

在西出口原辅道上增加一个车行道，将两车道调整为三车道；取消锦业二路与西沣路辅路西口的斑马线，减少车辆因多次避让行人产生的过多延误，提升直行车辆的通行速率。南北向过街行人绕行使用西沣路与西沣二路十字或锦业二路与唐延南路十字人行横道过街，如图6所示。

a）西出口辅道增设车行道

b）取消西口斑马线

图6　行人过街设施完善情况

优化效果

1. 高峰时段交通流量增加

改造后极大缓解了早高峰时段西沣二路的排队现象，提高了交叉口的通行效率。选取改造前后10天的高峰时段东进口交通流量进行对比，结果表明，治理后早高峰时段东进口通过的车辆数有一定程度增加，提升约9.1%，如图7所示。

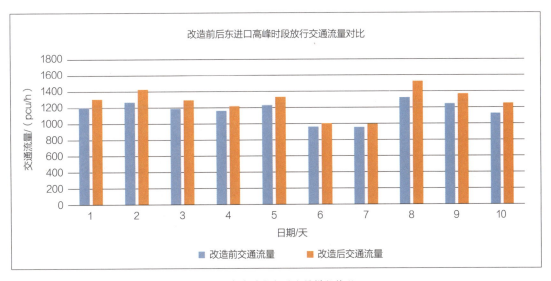

图7　高峰时段交通流量增长情况

2. 提升了通行速度

选取改造前后 10 天的高峰时段东进口车流平均运行速度进行对比，结果表明，治理后早高峰时段东进口车流平均运行速度提升约 7.2%，如图 8 所示。

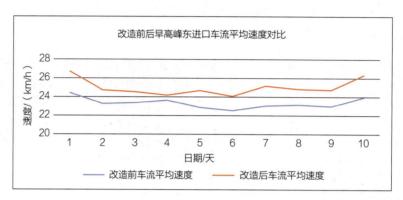

图 8　平均车道提升情况

3. 拥堵指数整体下降

分时段变换车道功能，提高了现有基础设施的利用率，缓解了拥堵路段的通行压力。选取方案改造前后 10 天的交通拥堵指数进行对比分析，从图中可以看出，优化方案实施后，西沣二路及周边道路拥堵指数整体下降约 7.8%，如图 9 所示。

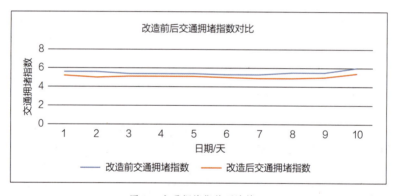

图 9　交通拥堵指数下降情况

案例小结

随着职住分离现象的固化，潮汐现象已成为城市交通治理不可避免的一个难题。本案例根据实地交通流特点，改变思路，分时段巧妙地利用现有空间资源，实施借道左转模式，充分挖掘利用现有道路基础设施通行能力的同时，有效解决了相应的交通问题，并通过设置引导标志牌，以及对周边道路的优化，确保借道左转的优势得到充分发挥。这为"潮汐"车流带来的交通问题提供了新的"参考答案"。

快速内环：限时禁令 + 定向车道 + 交替通行【江苏南京】

概况

南京快速内环是南京市主城核心地区四条快速路构成的一个快速路系统，全环长度为 33.06km。工程于 1999 年开始建设，经过近 20 年的发展，原有的工程设计与当前交通需求不匹配，存在车道容量不匹配、匝道汇入段设计不合理、交织段设计不合理等问题，导致快速内环部分路段拥堵。

现状及问题分析

快速内环拥堵或运行低效节点主要分布在立交节点和快速路进出口处，东西南北环线均有堵点位置，如图 1 所示。

图 1　南京快速内环主要堵点分布图

1. 交通流量过载

中山南路上匝道的主线交通流量大，车辆缓慢行驶，晚高峰双向交通流量达 8908pcu/h，上匝道交通流量为 1938pcu/h，由于并线区域秩序混乱，导致运行效率低下，形成拥堵。

2. 交织段长度过短

秦虹南路上匝道合流区交通秩序混乱，匝道并入主线车流与主线往内环东线方向车流交织，交织区域长度仅有 120m，易产生拥堵，由于主线拥堵排队较长，匝道并入困难，导致秩序混乱，运行效率低下。

3. 连续变道现象严重

泰山路上匝道往集庆门方向的车辆横切 3 股车道并入最左侧车道，干扰主线通行秩序；西向东直行车辆占用左侧车道排队，造成西向北通行效率低。

4. 交通组织不佳

集庆门隧道口交织段秩序混乱，通行效率不高。北向南方向：交织段入口 2 个方向，出口 3 个方向，高峰时段车流交织严重，通行效率低下。南向北方向：主线进入集庆门隧道的交通流量占比 76%，但交通组织不畅。南京快速内环主要堵点列表见表 1。

表 1 南京快速内环主要堵点列表

快速内环	堵点位置
南线	秦虹南路上匝道
	双桥门立交东向西主线
	应天大街中山南路上匝道
	赛虹桥立交南向西汇入主线匝道
	赛虹桥泰山路上匝道
西线	集庆门隧道口
	赛虹桥立交西向东主线
	古平岗东向南匝道
北线	古平岗立交南向东汇入主线匝道
	内环北线玄武湖隧道口交织段
	玄武湖隧道东入口
东线	中航科技大厦出入口处交织段
	通济门上匝道汇入主线匝道
	长乐路上匝道
	卡子门高架主线交织段

优化措施

1. 秦虹南路上匝道"限时禁令标线"

秦虹南路匝道处设置时段禁止标线,上匝道车辆 7:00—20:00 禁止汇入内环南线。同时完善配套的交通指示标志,新增地面车道指引文字,如图 2 所示。地面分流通道设置绿波带,应天大街地面设置双向绿波,分担高架交通压力,如图 3 所示。

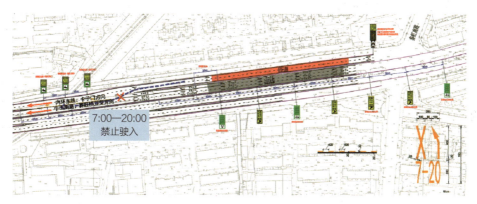

图 2　秦虹南路匝道处设置时段禁止标线

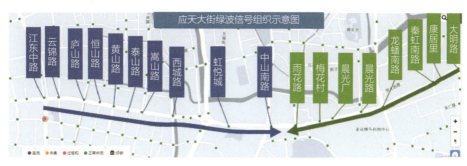

图 3　应天大街地面道路分段绿波

2. 应天大街"定向车道"

应天大街西向东方向最内侧车道设置为定向车道,应天大街地面道路在泰山路上匝道前方设置提示标志、诱导屏等,提示地面道路驶往内环西线的车辆由地面道路通行,如图 4 所示。

图 4　应天大街"定向车道"设置及标识

3. 中山南路上匝道"交替通行"

中山南路上匝道处结合标线增设交替通行指示标志,优化匝道处导流线使2股匝道车流在并入主线之前交替通行,辅道交替通行区域施划地面文字;主线车道设置100m的单侧可变车道线,防止车辆排队时随意变道,如图5所示。

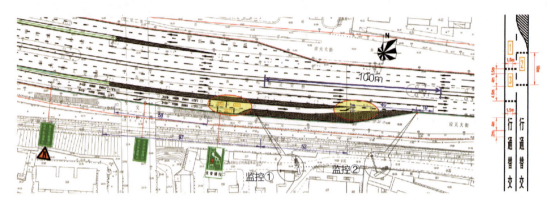

图5　中山南路上匝道"交替通行"

4. 集庆门隧道口"综合施策"

主要包括以下几个方面:

1)限时禁令标志标线+定向车道。交织段及入口处设置限时禁令告知牌,并增加地面文字,集庆门隧道北向南方向车辆禁止驶入赛虹桥广场方向,如图6所示。

2)提前指引标志标线。水西门隧道出口处设置诱导警示牌,引导车辆提前进入辅道,集庆门隧道入口处设置诱导警示牌,并增加两组地面文字,避免驶往赛虹桥广场的车辆驶入隧道,如图7所示。

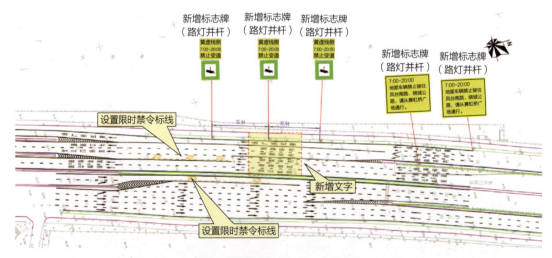

图6　限时禁令标志标线+定向车道

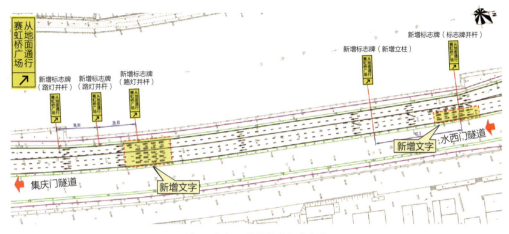

图 7 出入口提前指引标志标线

实施效果

1. 应天大街高架拥堵时间缩短，拥堵指数降低

限定时间内外侧车道无法向内侧车道变道，应天大街高架拥堵时间缩短，拥堵指数低于历史均值，如图 8 和图 9 所示。

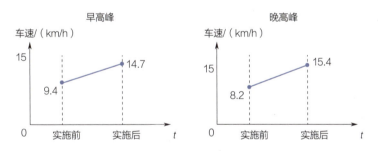

图 8 实施前后车速对比

图 9 实施后现场图

2. 应天大街平均车速提升明显

实施后主线西向东方向整体受到内环南线通行缓慢的影响，通行效率和车行速度变化不大，西向北方向在定向车道断面处通行效率有比较明显的提升，提升 13%，路段西向北方向平均车速从 28km/h 提升至 35km/h，提升近 25%，提升较为明显。匝道总交通流量减少 18%，定向车道的设置，避免了车辆横切三四股车道造成的局部交通拥堵，提高了安全性。实施前后流量和车速对比如图 10 所示。

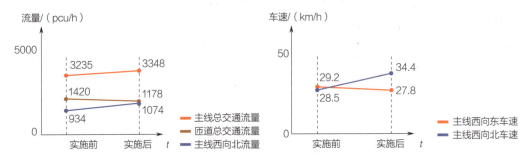

图 10　实施前后流量和车速对比

3. 高峰期实现"匝道限流，保障主线"的目标

方案实施后，总体运行情况良好，主线运行效率提升，实现了高峰时段"匝道限流，保障主线"的目标。主线运行速度提升 30%，通过流量提升 17%。匝道运行速度明显降低，通过流量降低 30%，高峰时段排队增长，达到饱和状态。实施前后对比如图 11 和图 12 所示。

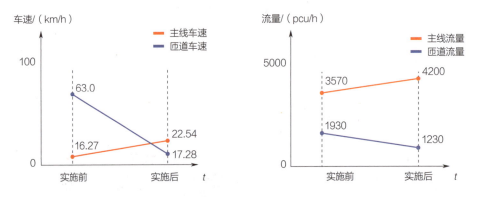

图 11　实施前后车速和流量对比

图 12　实施前后现场对比

4. 集庆门隧道口高峰通过量增加

方案实施后,隧道出入口车辆变道交织变少,车速增加,通过量增加,通行效率得到提升,如图 13 所示。

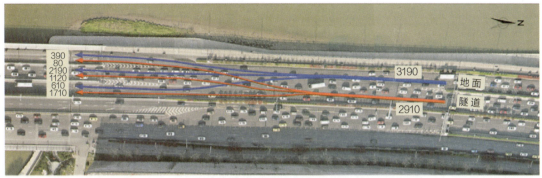

a)改善前早高峰交通流量(单位:pcu/h)

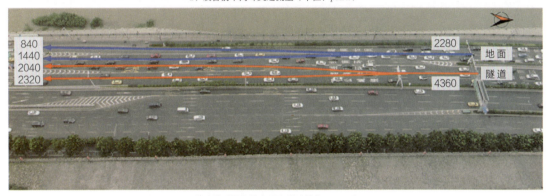

b)改善后早高峰交通流量(单位:pcu/h)

图 13　方案实施前后早高峰交通流量

案例小结

本文针对南京快速内环交通流量过载、交织段长度过短、连续变道现象严重、交通组织不佳的交通问题,采取了秦虹南路上匝道"限时禁令标线"、应天大街"定向车道"、中山南路上匝道"交替通行"、集庆门隧道口"综合施策"等措施,取得了应天大街高架拥堵时间缩短拥堵指数降低、平均车速提升明显、高峰期实现"匝道限流,保障主线"的目标,以及集庆门隧道口高峰通过量增加等良好效果,为同类城市的快速路提升改造提供了参考。

片区间主连接通道：潮汐车道 + 可变导向车道 + 公交待行区【山东济南】

概况

龙奥片区北至经十路，南至二环南快速路，分为旅游路以北片区和旅游路以南片区。作为集行政办公、体育休闲、商务金融等多元功能于一体的市级公共服务中心，片区内交通负荷较大，拥堵指数最高可达 1.86。为改善片区内交通运行环境，济南交警考量片区内交通运行状态，通过设置限时可变导向车道、潮汐车道、限时禁左等多项优化措施，缓解拥堵情况，改善交通出行环境。

现状及问题分析

龙鼎大道为二环南高架路至经十路片区内唯一的南北向贯穿性道路，沿线分布锦屏家园等众多大型社区及龙奥大厦、高速集团等大型集中性办公场所，同时也是分解济南市东西片区交通流的重要节点，既具有城市快速路的特性，又凸显城市主干道的功能，承担着过境交通流、居民通勤流等多重交通功能，如图 1 所示。

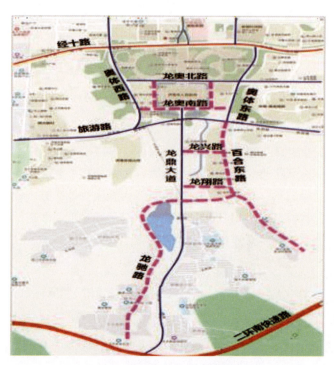

图 1　龙鼎大道及周边道路

为掌握交通运行问题，济南交警分别从区域交通组织、机动车、公共交通、慢行交通以及信号控制等方面对路口开展实地调研，经过系统的分析论证，该交叉口主要问题如下。

1. 片区路网结构不合理

龙鼎大道平行方向缺乏替代路线，二环南高架路主要通过龙鼎大道进行分流，龙鼎大道交通压力较大，早高峰期间龙鼎大道南向北交通流量为3630pcu/h，拥堵指数为1.86，晚高峰期间龙鼎大道南向北交通流量为1984pcu/h，拥堵指数为1.34，如图2所示。

图2 龙鼎大道与龙奥南路交叉口早高峰

2. 道路交通供需矛盾突出

① 龙鼎大道与龙奥南路南口车道功能为左转、直左、直行，左转通行能力无法满足需求，导致左转车辆积压严重，极易溢流至龙兴路交叉口，严重时南口早高峰排队长达1.5km，晚高峰排队达560m，如图3所示。

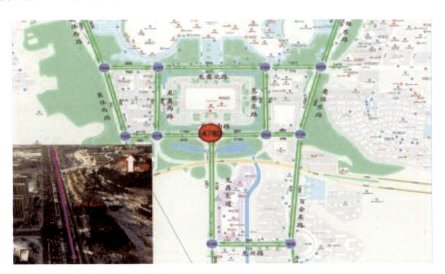

图3 龙鼎大道早高峰期间交通流量示意图

② 龙鼎大道与龙奥南路东口车道功能为左转、直左、右转，平峰及晚高峰时段直行流量较大、排队较长，容易溢流至龙奥东路交叉口，晚高峰排队长度达 360m，如图 4 所示。

图 4　龙鼎大道与龙奥南路交叉口晚高峰

优化措施

1. 设置可变导向车道

龙鼎大道与龙奥南路东进口设置限时可变导向车道。将最外侧右转车道设置为可变导向车道，07:00—09:30 时段可变导向车道显示为右转车道，满足右转的通行需求；其余时段显示为直右车道，提高直行的通行能力，如图 5 所示。

图 5　东进口限时可变导向车道标线与标志

2. 设置潮汐车道

龙鼎大道（龙奥南路—龙兴路）增设潮汐车道，启用时间为 07:00—09:00 和 17:00—19:00，提高了龙鼎大道与龙奥南路交叉口南向西左转的通行能力。在潮汐车道始末位置增设潮汐车道可变标志牌，在地面施划潮汐车道标线，同时在路段增设潮汐车道诱导标志牌,如图 6 所示。此外潮汐车道西侧标线设置为白实线,禁止机动车随意变道,保障通行安全。

图 6 潮汐车道标线和标志牌

3. 增设公交车左转待行区

在龙兴路北进口西侧机非绿化带处增设公交车左转待行区,规范左转公交车待行空间,东口放行时,公交车可择机左转,保障交叉口通行效率,如图 7 所示。

图 7 公交车左转待行区落地图

4. 简化信号控制周期

龙鼎大道与龙兴路交叉口北口实施限时禁左(公交车除外),实施禁左时段为 07:00—09:00 和 17:00—19:00,同步简化信号配时相位,由三相位调整为两相位,延长南北方向通行时间,提高南北向机动车的通行能力,缓解龙兴路交叉口的交通压力。有左转需求的社会车辆,可向南直行至下一路口掉头,或绕行龙奥南路、百合东路,如图 8 所示。

图 8 限时禁左可变标志设置

实施效果

通过系列性改造,龙鼎大道沿线交通态势平稳,拥堵改善效果明显,龙鼎大道(龙奥南路至龙驰路)段各交叉口每周期可多通过 20~30 辆,通行能力平均提升 30% 以上,各路段流量均衡,车辆溢出现象消除;通过测算及现场观察,龙鼎大道整体通行效率提升 40% 以上。早高峰期间,龙鼎大道南向北交通流量为 4717pcu/h,拥堵指数由 1.86 降为 1.17;晚高峰期间龙鼎大道南向北交通流量为 2984pcu/h,拥堵指数由 1.34 降为 1.04,如图 9 所示。

图 9 优化效果

案例小结

本案例遵循"缓堵均流"的思路,深度剖析片区内的运行情况,通过采取限时可变导向车道、潮汐车道、限时禁左等措施分别从时间、空间角度出发,深挖时空资源,有效缓解因流量大而造成的交通拥堵问题,成功疏通了又一堵点。

过境交通性主干路：定向车道【重庆】

概况

鹅公岩大桥是连接重庆市主城南岸区与渝中半岛的重要通道，从成渝高速公路的终点陈家坪起，经大公馆、谢家湾、过鹅公岩大桥后至南岸区 4km 与海峡路相连。该路段交通需求较大，特别是在高峰期，交通拥堵频发，大桥两侧排队现象突出。通过设置定向车道，加快南岸至谢家湾立交以西区域的过境车辆通行，减少车流交织，提高通行效率，缓解交通拥堵。项目案例位置如图 1 所示。

图 1　项目案例位置示意

现状及问题分析

1. 交通需求大

鹅公岩大桥高峰时段交通需求极大，南桥头汇集赵家坝立交、海峡路、融侨路等多个方向交通。早高峰时段交通需求达 6800pcu/h，通行能力不能满足交通需求。

2. 车辆交织严重

南桥头车辆交织严重，桥头车流方向达 8 个，分别为海峡路至鹅公岩大桥方向及融侨路方向、赵家坝立交至鹅公岩大桥方向及融侨路方向、融侨路至鹅公岩大桥方向。其中海峡路进入融侨路方向与赵家坝立交进入鹅公岩大桥方向存在严重交织，加上公交车辆进站影响，海峡路主线受影响严重，通行效率较低，如图2和图3所示。

图2 鹅公岩大桥定向车道实施前运行情况

图3 鹅公岩大桥车辆交织示意图

优化措施

1. 实施定向车道，剥离过境交通

鹅公岩大桥南岸至九龙坡方向最内侧车道设置定向车道，起点设置在桥头主线车流与匝道车流的合流点之前，避免赵家坝立交车流连续多个变道进入定向车道；定向车道终点

设置在谢家湾立交主线车流与匝道车流的分流点之后，避免定向车道车辆变道进入谢家湾正街。

2. 完善配套交通设施，规范交通秩序

施划定向车道实线、增设交通指示标志及变道抓拍设施等，如图 4 和图 5 所示。

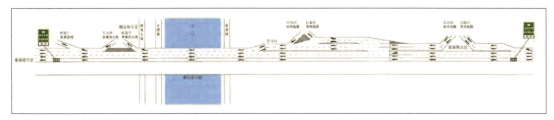

图 4　定向车道设置示意图

图 5　鹅公岩大桥"定向车道"实施情况

3. 制定指导意见

编制《设置定向车道指导性意见》，对定向车道定义、定向车道作用、定向车道设置条件等进行了详细说明，并给出了定向车道设置示例及相关交通设施要求，如图 6 所示。

实施效果

实施定向车道后，早高峰时段鹅公岩南岸至九龙坡方向断面交通流量增加约 180pcu/h，南桥头海峡路排队长度缩短近 220m，交通运行效率显著提升。

案例小结

本方案以剥离过境交通，减少车辆交织为主要目标，通过设置"定向车道"，为赵家坝立交至大公馆立交车流提供快速通行车道，提高断面运行效率，有效减少了车辆交织影响。该方案主要适用于长距离出行需求大，但受沿线出入口交织影响严重的路段。

设置定向车道指导性意见

一、定向车道定义

定向车道是指根据道路预设方向到达的不同地点，指定某车道仅供驶向规定地点、规定方向的车辆使用，驶向其余地点方向的车辆不得驶入的专用车道。

二、定向车道作用

通过专用定向车道，减少交通需求，规范行车秩序，提前分离交通节点路段交织冲突，提高规定方向车流通行效率，降低交通事故，提高瓶颈路段行车速度，提高通行效率。旨在运输量不变的情况下，从减少需求的角度出发，通过减少实际在路网中运行的车辆数量的方式缓解拥堵。

三、定向车道设置条件

1. 隧道、桥梁单向车行道 3 车道及以上，车行道宽度大于等于 3.25 m。

2. 专用定向车道出口交通流稳定运行，道路服务水平等级 C 级，饱和度小于 0.75。

3. 专用定向车道设置路段实际通行能力接近或大于设计通行能力，饱和度接近 1 或大于 1，道路服务水平大于 C 级，处于 D 级或 E 级阶段。

4. 专用定向车道长度宜大于 1 km，小于 3 km。

5. 专用定向车道原则上适用于小客车，特殊需求除外。

6. 专用定向车道设置为道路最左侧车道，除起点和结束点位置，全段不设置开口。

四、定向车道交通设施设置及示例

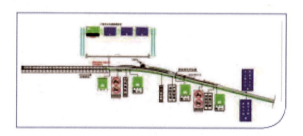

图 6　设置定向车道指导性意见

第三篇

拥堵区域协同管控案例

医院周边：外部单行 + 内部停车分区管理
【江苏南通】

概况

南通大学附属医院（以下简称"附院"）是苏中地区的医疗保健中心，其综合的学科设置和先进的医疗技术水平吸引着大量的就医群众。附院周边支路西寺路、健康路等服务水平为 C—D 级，但由于停车位不足，排队等候停车位的车辆较多，根据现状调查，约有 45% 的车辆因为寻找车位在道路上滞留和绕行，对道路交通产生了较严重的影响，如表 1 和图 1 所示。

表 1 周边道路运行状态

道路	方向	通行能力 /（pcu/h）	现状流量 /（pcu/h）	饱和度（V/C）	服务水平
西西寺路	北向南	486	381	0.78	D
南西寺路	西向东	486	381	0.78	D
北西寺路	东向西	385	228	0.59	C
健康路	南向北	476	420	0.88	D

图 1 周边道路运行状态

现状及问题分析

1. 交通源吸引力较大

附院 2014 年日平均就诊人次达到 3703 人·次/日，且以每年 7% 的速度稳步增加，因此附院作为交通源其产生的交通需求较大，如图2所示。

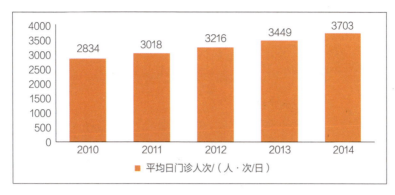

图2　门诊日均接待人次

2. 周边道路资源紧张

周边道路宽度仅为14~15m，交通组织方式为逆时针单行；机动车路边停车占用车辆行驶空间；45%的车辆排队等候停车位或绕行；行人、非机动车、机动车混行；局部路段占道经营、店外店现象严重；秩序混乱；急救通道无法保证，如图3所示。

图3　周围实景照片

3. 停车位不足

协调使用周边停车场的空余停车位后，机动车停车位仍存在413个缺口，非机动车停车位仍存在326个缺口，如表2和表3及图4和图5所示。

表2　机动车停车位供需分析　　　　　　　　　　　　　　　　　　（单位：个）

需求		供给	
职工	500	主院区	590
就诊	241	启秀中学停车场	180
探病	442		
合计	1183	合计	770

图 4 机动车停车位分布

表 3 非机动车停车位供需分析　　　　　　　　　　　　　　（单位：个）

需求		供给	
职工	990	主院区	1200
就诊	1190	路边停车	3000
探病	2346	—	—
合计	4526	合计	4200

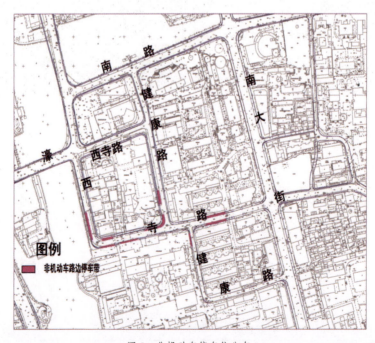

图 5 非机动车停车位分布

4. 附院内部交通不畅

附院主院区内部道路和停车片区分为东西两片，西片由西寺路进出、东片由住院部大门进出，东西两片不连通，且内部道路通行不畅，通行效率低，这也造成了进入附院的车辆在道路范围排队等候时间长等问题，如图 6 所示。

优化措施

1. 拓宽周边道路，并重新组织周边道路交通

西西寺路和南西寺路维持现状，原急诊区以西逆时针单行，急诊区以东段双向通行；改造后，北西寺路由东向西单向通行，健康路全线实行由南向北单向通行，如图 7 所示。

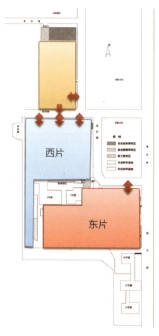

图 6　附院内部交通

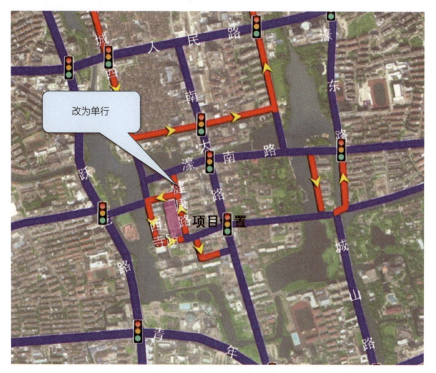

图 7　周边道路交通组织方案

2. 渠化周边主要交叉口

由于路幅宽度限制，濠南路南大街西方向仅能设置两个进口车道，现状为一左一直右，

改造后,该方向限制左转,进口车道设置为一直一右,改造后西方向通行能力提高 46%。南公园桥西寺路交叉口未设置交通管制和交通引导设施,交通秩序较混乱,为此,对该交叉口进行渠化,西方向设置一左一右车道,东方向设置一直左一直右车道,北方向设置一直右车道;路口设置人行横道线供行人通行,人行横道线以内设置禁停标线,禁止车辆在交叉口范围内排队。交叉口改善方案如图 8 所示。

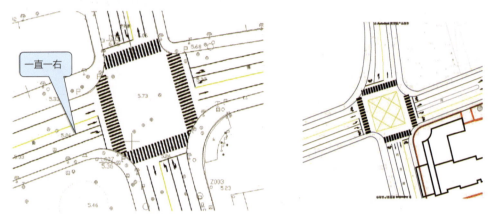

图 8　交叉口改善方案

3. 优化地下车库出入口交通组织

地下车库东侧健康路出入口设置两个入口车道和一个出口车道,北侧出入口作为机动车出口。地下车库入口采用视频系统实行"进口计时、出口收费"的管理措施,提高收费管理效率,避免车库入口因收费时耗增加而产生拥堵,并蔓延至道路。新增地库出入口分布如图 9 所示。

图 9　新增地库出入口分布

4. 加强停车分区管理

职工停车：控制在 450 个泊位，职工停车原则上应优先考虑较不方便的停车区域。改造后，将附院主院区的东片区住院部地面、西片区西南角河边区域的路边停车位作为职工停车区域。

就诊探病停车：主院区西片区门急诊地面停车场、新门诊楼地下车库，以及医疗服务综合楼地下车库停车场均应留给就诊人员和探病人员停车。远期新建医技大楼以及行政综合楼均应建设地下车库，以增加停车泊位，且应将附院主院区现有的地下车库以及新建门诊楼的地下车库衔接贯通，形成综合的地下停车系统，既增加停车泊位，又便于停车管理。内部停车分区管理如图 10 所示。

5. 优化医院内部交通组织

原门诊西侧出入口作为机动车入口，原门诊出入口作为机动车出口，原急诊出入口作为机动车出口（允许急救车辆进出）。在建医疗服务综合楼面向南大街的两个出入口作为东部车辆进出主院区的主要通道，打通内部住院大楼北侧围栏通道，分流南西寺路出入口车流。改造后，附院主院区内部也采用逆时针单行的交通组织方式，提高内部机动车通行效率，如图 11 所示。

图 10　内部停车分区管理

图 11　优化内部交通组织

6. 强化出租车停靠管理

新门诊楼建成后，在原门诊楼出入口处设置港湾式出租车停靠点供出租车停靠，提供 6 个出租车停靠泊位、6 个人力三轮车停靠泊位，避免占用道路空间；出租车下客区设置于泊位后方，与上客区分离，如图 12 所示。

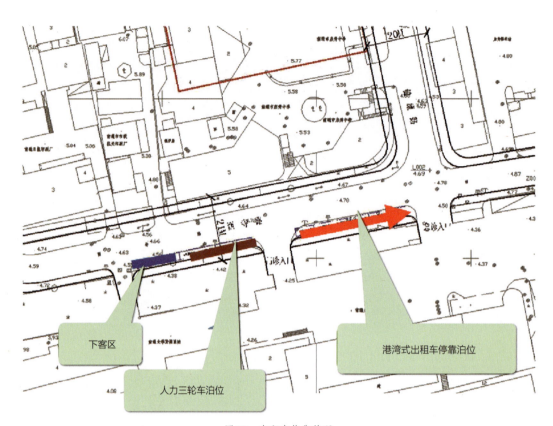

图 12　出租车停靠管理

> **实施效果**

随着附院交通吸引量的逐年增长,周边道路和交叉口的服务水平有所降低。在实施了道路设施、交通组织方案、关键节点、道路管理等方面的改造后,使项目周边道路和交叉口的服务水平保持基本不变且局部有所提升。项目停车设施的建设可改善附院停车难的问题,同时也减少了因等待停车位对周边道路造成的堵塞和影响。

> **案例小结**

本文针对南通大学附属医院(附院)周边的道路资源紧张、停车位不足、附院内部交通不畅等问题,提出了拓宽周边道路,并重新组织周边道路交通、渠化周边主要交叉口、优化地下车库出入口交通组织、加强停车分区管理、优化医院内部交通组织、强化出租车停靠管理六大举措,大大改善了医院周边的交通管理难题,为其他城市医院周边交通组织管理提供了借鉴。

学校集中区：以人等车 + 错时接送 + 交通分流【山东青岛】

概况

本案例介绍青岛市实验小学周边区域拥堵治理措施，主要通过以人等车、交通分流、科学组织等措施，缓解区域拥堵。市实验小学、太平路小学、湖南路幼儿园、江苏路幼儿园四所学校在以江苏路湖南路路口为中心的区域四周分布，总计涉及学生、幼儿近3000人，接送私家车约1700辆。此区域共分布原东方饭店地块停车场、栈桥广场停车场2处停车场，因位于景区周边，停车场收费较高，利用率不足，如图1所示。

图 1 市实验小学分布区域图

现状及问题分析

该区域位于市南区西部老城区，道路空间有限，周边停车资源不足，在接送学生时段停车难、秩序乱、通行堵等问题严重影响市民出行体验。其中湖南路、江苏路路口作为多方向车流汇聚的关键节点，极易形成拥堵，进而影响广西路东右转江苏路车辆、太平路西左转常州路车辆通行，引发区域整体交通通行不畅，如图2所示。

图 2 市实验小学区域周边道路拥堵状况

四校拥堵主要集中在下午放学时段，由市实验小学接送车辆造成的拥堵最为严重，需重点解决，如图 3 和图 4 所示。

图 3 市实验小学放学期间拥堵状况

图 4 部分路段违停情况

优化措施

青岛交警结合该片区交通实际，以减轻江苏路、湖南路路口这一关键节点压力为重点，针对性、科学性、精细化地制定了交通疏解方案，通过贯彻实施"以人等车""错时接送""交通分流"等措施，构建解决学校门前交通拥堵问题的长效机制。

1. 以人等车——减少接送私家车停车占道的时间

江苏路、湖南路、沂水路、广西路等周边道路严格禁止车辆在接送时段以外停放，即家长不能提前将车停在学校周边道路上等候放学。放学时段，由学校老师将学生带至指定的放学区域，家长较提前规定时间或老师通过班级微信群发送的时间点推迟 1~2min 到达指定接送通道位置，保证学生已在指定接送通道位置等待，接上孩子，立即驶离，"即停即走"提高车位周转率。

2. 放学错峰——以时间换空间，降低放学高峰期流量负荷

以市实验小学、太平路小学为重点，实施学校间、年级间、班级间的错峰放学，原则上每三个班错开 5~10min 的放学时间、每段接送通道不超过三个班同时放学，实现以时间换空间，接送车辆即停即走、快速驶离，如图 5 和图 6 所示。

放学时间：

第一放学时段（15:50—16:10）

一年级及二年级1—3班：15:50—15:55

一年级及二年级4—6班：15:55—16:00

三年级及四年级1—3班：15:55—16:00

三年级及四年级4—6班：16:00—16:05

五年级及六年级1—3班：16:00—16:05

五年级及六年级4—6班：16:05—16:10

图 5　第一批放学时间

放学时间：

第二放学时段（17:30—18:00）

一年级及二年级：17:30—17:35

三年级及四年级：17:35—17:40

五年级及六年级：17:40—17:45

图 6　第二批放学时间

3. 交通分流——合理分配空间资源

① 将市实验小学一年级接送通道设置在路口以东、湖南路南侧，使部分接送孩子车辆在孩子上车后，向驶离湖南路江苏路路口的方向行驶，减轻这一路口的交通压力。考虑到市实验小学三、四年级学生较多，为满足送学生的空间需求，将实验小学三、四年级接送通道设置在江苏路（青医附院江苏路站－湖南路）路段西侧 60m 范围区域，如图 7 和图 8 所示。

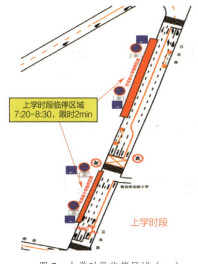

图 7　上学时段临停区域（一）

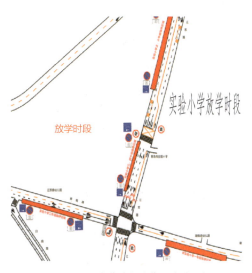

图 8　放学时段临停区域（一）

② 将江苏路幼儿园接孩子临停区域设置在路口以西、湖南路北侧等，在孩子上车后，向驶离湖南路江苏路路口的方向行驶，减轻这一路口的交通压力。接送时段，临停区域限时停车时间设置为 10min，如图 9 和图 10 所示。

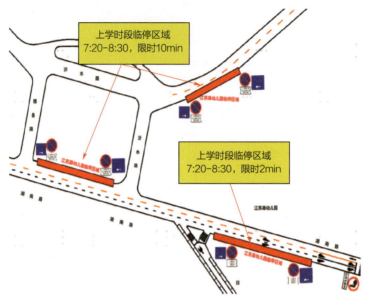

图 9　上学时段临停区域（二）

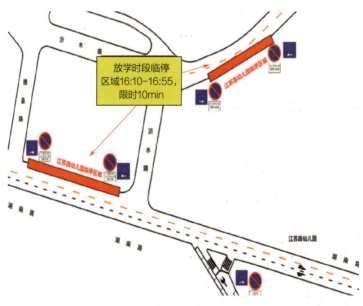

图 10　放学时段临停区域（二）

4. 进场停放——停车资源共享，减少道路交通压力

根据湖南路幼儿园临近原东方饭店地块停车场、太平路小学临近栈桥停车场的实际，交警部门主动出面协调停车场管理单位，以每月 80 元远低于周边停车场对外收费价格的标准，对学校、幼儿园家长停放车辆予以优惠，既满足了停车接送孩子的实际需求，又释放

了道路空间，减轻了交通压力，如图 11 所示。

图 11　进场停放示意图

5. 科学组织——优化道路交通组织资源

① 针对性地对江苏路、湖南路的交通组织进行了优化调整，将江苏路北向南调整为三车道、南向北一车道，北向南方向设置接送通道后，仍然有两车道可供通行；将江苏路湖南路路口西向北设为禁止左转（公交车除外），减轻左转车辆对江苏路直行车辆的干扰，如图 12 所示。

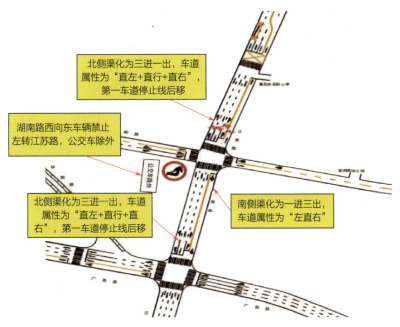

图 12　市实验小学周边区域交通组织设计图

② 考虑到江苏路东侧树枝歪斜，影响公交车通行，故施划黄色虚实线，允许南向北车辆在不影响其他车辆的情况下借道通行，如图 13 所示。

图 13 江苏路部分路段施划黄色虚实线

③ 考虑到公交车转弯半径过大，将江苏路湖南路路口北进口、江苏路广西路路口北进口最内侧车道停止线后移，如图 14 和图 15 所示。

图 14 江苏路湖南路北进口　　　　　　　图 15 江苏路广西路北进口

6. 完善设施——确保缓堵措施有效执行

为确保上述措施的有效施行，在该区域增设了各类交通标志 32 面，重新施划了江苏路交通标线，增设交通监控 5 处，实现该区域所有路段监控全覆盖。在临停路段设置交通标志，在临停区域、上下学时段内，接送车辆可临时停放，市实验小学、太平路小学限时 2min，江苏路幼儿园、湖南路幼儿园限时 10min；非接送时段，临停区域内禁止停车。以湖南路幼儿园为例，新增临停路段交通标志示意图如图 16 所示。

临停路段交通标志

图 16 新增临停路段交通标志

7. 加强管理——疏导交通，规范秩序

辖区中队在学校、幼儿园门前及江苏路湖南路路口等关键节点位置安排警力，安排巡逻警力于 7 点、15 点，早于上学、放学时间提前到达岗位，对在非接送时段在临停区域违停车辆进行劝离，并向驾驶员普及学校门前实施的缓堵措施。上学、放学时段在该区域不间断巡逻，疏导交通，劝离违规停放接送车辆。对于经疏导、劝阻仍不按规定执行的车辆，交警部门将通过监控抓拍和现场执法相结合的方式，督促驾驶员合理、规范使用车辆，如图 17 和图 18 所示。

图 17　关键节点警力　　　　　　　图 18　重要路段巡逻警力

8. 广泛宣传——贯彻落实"我为群众办实事"

以解决交通拥堵为目标，以为群众办实事为宗旨，利用"三微一端"、官网、交通广播等渠道进行措施宣传，并于"青岛交警"微信公众号进行交通组织优化方案公示。同时组织各个学校老师培训，依托各个学校做好家长的解释工作。通过广泛宣传，实现警校家三方的有效配合，推动学校门前缓堵工作出实绩、创实效，如图 19 所示。

图 19　青岛交警公众号交通组织优化方案公示

实施效果

市实验小学周边区域治堵方案已于 2021 年 8 月 28 日正式实施。从该年度秋季开学运行情况看,学校周边道路停车难、秩序乱、通行堵的问题已经得到了明显改善,江苏路通行效率提升 10%,接送高峰时长缩短 15min,如图 20 和图 21 所示。青岛交警也将总结本案例成功经验,以"一校一策"为原则,针对性地开展学校门前拥堵治理工作,精细化实施交通管理,提升群众出行体验。

图 20　实施前放学时段

图 21　实施后放学时段

案例小结

本案例主要介绍了青岛市实验小学周边区域交通治堵经验,针对学校周边道路空间有限,周边停车资源不足,在接送学生时段停车难、秩序乱、通行堵等问题,采取了以人等车(减少接送私家车停车占道的时间)、放学错峰(以时间换空间,降低放学高峰期流量负荷)、交通分流(合理分配空间资源)、进场停放(停车资源共享,减少道路交通压力)、科学组织(优化道路交通组织资源)、完善设施(确保缓堵措施有效执行)、加强管理(疏导交通规范秩序)、广泛宣传(贯彻落实"我为群众办实事")八大举措,学校周边道路停车难、秩序乱、通行堵的问题得到了明显改善,江苏路通行效率提升 10%,接送高峰时长缩短 15min,为解决学校周边交通拥堵提供了很好的借鉴案例。

学校周边：限时长停车+校讯通【浙江宁波】

概况

校园周边道路上下学期间的交通问题是全国性难题，交通拥堵、秩序混乱、安全隐患突出，已成为全社会共识的道路交通管理工作"短板"。仅设置数量有限的限时停车位、专人疏导交通等传统管理模式对于缓解校园周边交通难题作用有限，已无法实现精准化、有效化的管理目标。

针对宁波市春晓中学因接送车辆引发的一系列道路交通管理"难点、痛点"，宁波市公安局交通警察局联合宁波工程学院、宁波灵峰信息技术有限公司，研究制定并试行了新的管理模式——"限时段时长车位与远端智慧收费停车位结合+电子智能监管+校讯通2.0版"，形成三位一体的高效管理闭环。该管理模式在春晓中学试行后效果明显，学校周边交通秩序明显好转，交通事故随之减少，道路通行能力大幅提升。

现状及问题分析

宁波市春晓中学地处中山东路－沧海路交叉口的西北角，东侧和南侧分别是主干路沧海路和中山东路，北侧是河道，西侧为大型商业体世纪东方广场，如图1所示。学校内部及周边步行400m范围内没有停车场供学生家长接送时车辆停放。学校共有班级26个，学生1100人，经常用来接送的私家车有350辆，这些停车需求释放在道路上带来了一系列的交通问题。

图1 春晓中学地理位置

校园周边道路产生交通拥堵的原因主要有以下几点。

1. 停车位缺口大

接送学生的私家车逐年增加,而学校周边的停车场、停车位往往非常有限,特别是中心城区的老学校,停车位配置更是严重不足,接送学生车辆的停车需求只能释放在学校周边的道路上,如图2所示。

图2 占用机非车道停成两三排的接送车辆

2. 停车需求短时高度集中

由于学生放学时间相对比较集中,接送车辆在短时间汇聚,无序停放、重叠停放、危险停放现象每天发生,现场交警执法管理难度大。

3. 接送效率低

由于信息流不对称、不及时,部分家长停放车辆后,离车到校门口等候,增加"无效交通流";部分家长在车上等候,车辆停放位置不确定,增加了学生寻车时间,导致接送效率低下。

4. 道路资源使用效率低

放学时段接送的部分家长,为了抢占"有利"的停车位,提前将车辆停放到校园周边道路,长时间无效占用道路资源,延长了对道路通行影响的时间;同时也降低了道路停车位的周转率、利用率,引发后到的家长无车位可停,侵占道路其他空间违法停车,导致公交车无法正常停靠站,如图3所示。

学校周边：限时长停车 + 校讯通【浙江宁波】

图3　公交车无法正常停靠站

优化措施

1. 优化周边道路停车位，缓解供需矛盾

根据学校接送车辆数量，通过分析、研判，决定在沧海路两边施划限时停车位39个，并对车位进行编号，明确接送车辆只能在停车位内停放，其他地方不能停放，最大限度减少因不规范停车而产生的对整体交通的影响，减少安全隐患。针对部分提早较长时间驾车来校接送学生的家长，交警部门专门制定了相应的人性化措施，在月明路、宁穿路950弄施划113个智慧收费停车位，以满足这部分家长的停车需求，如图4所示。

图4　春晓中学限时停车位方案图

2. 明确停放时段、时长

设置限时停车位，限定开学期间接送车辆停放时段为上午6:40—7:50、下午16:50—18:00（与学校上下学时间匹配），其他时间禁止停车，并且限定停车时长为10min，同时创新了限时停车位的样式，着重突出了停车位的用途与停放时长，如图5所示。

图 5 限时停车位样式

3. 校讯通应用升级

放学信息精准双向发送：通过增加留校学生告知、放学提前预告，为家长提供更为准确有效的信息，让家长能够提前预判和把握驾车到校的时间点，减少家长无效停放时间。

家长停车位置信息精准发送：家长通过手机关注学校公众号，发送自己停放的道路停车位编号（并可发送简要信息），学生可在教学楼楼道和校门口终端设备刷卡查看家长停车位置和交流信息，减少学生寻找家长车辆的时间，如图6和图7所示。

引导高龄段学生自主寻找家长车辆位置，减少家长来回（车辆—校门口—车辆）路上的"无效"交通流。

图 6 手机程序的选择车位界面　　　　图 7 手机程序信息输入界面

4. 电警智能监管升级

根据不同的区域、时间设置电警抓拍违法的不同场景。车位内接送车辆不在规定时间段停放或者超出停放时长都会被电子警察拍录处罚（对应场景1）；车位外违法停车也会被电子警察拍录（对应场景2）；此外还在路口、学校大门等重点路段的侧石上施划黄色边缘线，禁停标线附近违停，以违反禁止标线录入违法处理系统（对应场景3）。各对应场景如图8~图10所示。

图 8　电子警察抓拍车辆违停场景1

图 9　电子警察抓拍车辆违停场景2　　　　图 10　电子警察抓拍车辆违停场景3

实施效果

1. 接送车辆停放井然有序、通行秩序明显改善

优化后，接送学生的车辆在固定时间段限定时间内准停的道路停车位"按时按位"有序停放，公交车辆能够正常进出站点上下客，停车秩序井然；减少了车辆无效占用道路资源的时间，道路停车位的周转率、使用效率大幅提升，39个限时车位基本满足春晓中学错

时放学接送车辆的停放需求，以总放学时长 70min、车辆实际平均停放时长 8min 计算，实际可停车辆数为 341 个，如图 11 所示。

图 11　方案实施后沧海路停车情况

2. 安全隐患消除、交通事故减少

车辆各行其道，减少通行中的相互冲突和干扰，消除了交通安全隐患，交通事故发生率下降显著。

3. 路段通行效率提高，行车道通畅，通行效率大大提高

如图 12 所示，前后效果对比明显。

图 12　放学时段沧海路南北向通行情况方案前后对比图

4. 接送效率提高

原先家长到校门口等待学生需平均花费 15min，校讯通升级信息能及时互通后，家长接到学生的平均时间缩短至 8min 左右。

5. 解放了警力

方案实施后,解放了部分维持路口和路段通行秩序的警力,如图13所示。

图13 方案实施后春晓中学接送时间段的中山东路–沧海路交叉口

案例小结

本案例针对宁波市春晓中学接送时段交通拥堵现象,首先根据停车需求精准计算停车位数量,并设置限时段且限时长的临时停车位,在学校远端设置收费停车位满足早到家长的停放需求,有效分离了静态交通的分布,其次对电子监控进行升级,以适应不同场景的抓拍需求,严格规定车辆停放区域,最后将校讯通升级,精准信息对接,有效减少无效交通流的产生,形成了"停车位+监管+信息互通"三位一体的管理模式。方案实施后,解决了接送车辆停车供需矛盾,提高了接送效率,提升了停车位周转率、利用率。

目前,由于机动化接送模式的长期存在,校园及周边基本不存在大量供接送车辆停放的停车位,全国大多数城市都存在学生接送期间的道路交通共性问题(秩序混乱、安全隐患、交通拥堵),传统人为管理模式无法实现有效管理价值。本案例中的管理模式可适用于全国大部分学校周边道路的停车秩序管理,具有建设资金少、周期短、见效快等优点,同时具备很强的通用性、可复制性、长效性和实效性,可为管理部门解决学校周边道路交通问题提供参考。

居民区：微循环 + 限时停车【福建厦门】

概况

近年来，随着厦门机动车保有量的增加，厦门岛内区域交通拥堵情况日益突出。莲花片区位于思明区街道，属于老城区，小区、中小学校、幼儿园、商超等密集分布。区域内路网以细小支路为主，高峰期居民出行量较大，部分道路及交叉口拥堵现象明显。本文针对莲花片区内交通存在的问题，提出可行的交通改善方案，以缓解道路拥堵状况，优化片区交通环境，如图 1 所示。

图 1　莲花片区所处位置

居民区：微循环＋限时停车【福建厦门】

现状及问题分析

1. 路网流量不均衡

① 香秀路与莲花北路交叉口。香秀路高峰期总流量131pcu/h，其中西向东为59pcu/h、东向西为72pcu/h，整体车流运行方向为东向西；因莲花小学校门正对香秀路莲花北路交叉口人行通道，上下学高峰人流量大，影响车辆通行，造成路段拥堵，如图2所示。

图2　校门正对交叉口人行通道，影响车辆通行

② 磐基－莲花里。磐基－莲花里是集商务办公及酒店、甲级写字楼、高端商业及餐饮于一体的城市综合体，高峰人流达4万/天，车流也大幅增加。该区域有实验二小、万寿幼儿园，上下学接送更增该区交通压力，目前该断面交通流量为396pcu/h，如图3所示。

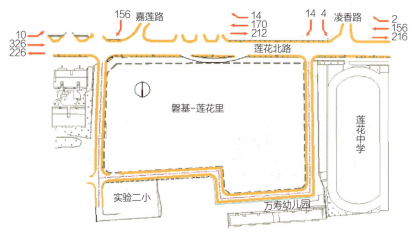

图3　磐基－莲花里周边路口流量

2. 路段车辆违停严重

嘉莲路（菌青路路段）、香莲路（摩尔莲花路段）周边小食饭店多，用餐时间车辆在路内违停严重，路段通行效率严重降低，如图4所示。

a）嘉莲路违停

b）香莲路违停

图 4　嘉莲路及香莲路用餐时段违停严重

映碧北路道路为双向行驶，因道路狭窄，全路段通行效率较低，且道路北段因周边住宅小区密集分布，停车需求较大，导致车辆经常在该路段违停，致使该路段通行效率严重降低，经常出现拥堵，居民驾车进出苦不堪言，如图 5 所示。

图 5　映碧北路违停

3. 交叉口交通冲突严重

① 莲花北路与谊爱路交叉口，如图 6 所示。
- 该交叉口交通流量较大，高峰期交叉口内机动车交织冲突严重，交通秩序混乱。
- 谊爱路东侧系农贸市场，无行人通道，人车冲突，存在安全隐患。
- 81 路公交场站进、出公交车影响交叉口车辆通行。

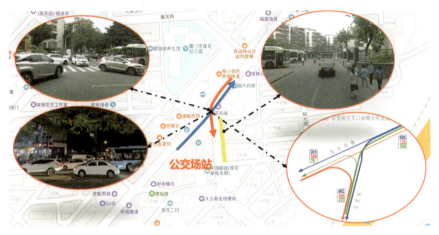

图 6　莲花北路与谊爱路交叉口冲突

② 谊爱路与龙山南路交叉口，如图 7 所示。
- 该交叉口交通流量较大，主要流向为谊爱路西进口掉头往成功大道方向、谊爱路东向西下穿方向的车流；高峰期掉头车流与谊爱路东向西车流合流冲突，交通秩序混乱，拥堵严重。
- 谊爱路隧道掉头车辆 292veh/h，约有 87 辆违法跨越黄实线掉头（占比近 30%）。
- 谊爱路西进口辅道车辆 94veh/h，约有 68 辆掉头至成功大道（占比近 73%）。

图 7　谊爱路与龙山南路交叉口交通秩序较乱

③ 莲花北路与莲花南路、菡青路交叉口，如图 8 所示。

➢ 莲花北路与菡青路交叉口东出口公交站,距离交叉口较近,公交车停靠占用社会车道,影响车辆正常通行。

➢ 莲花北路与莲花南路交叉口上下学期间,莲花中学门口接送学生车辆临时停靠,造成学校路段交通拥堵,交通秩序混乱。

图 8 公交上下客及接送学生车辆停放引起秩序混乱

④ 航空宾馆交叉口,如图9所示。

➢ 航空宾馆交叉口高峰期时段,盈翠西路北向东左转、莲花南路西向北左转车流与莲花南路车流交织冲突,互不相让,导致交叉口内交通秩序混乱,经常发生拥堵。

➢ 莲花南路公交站设置在航空宾馆交叉口内,公交车停靠会影响莲花南路西向东车辆正常通过交叉口,导致车辆排队,进而影响其他方向车辆通过交叉口。

图 9 航空宾馆交叉口秩序混乱

优化措施

通过设置微循环、即停即走区域优化区域交通组织;通过优化公交场站交通组织、路口禁限行、完善标线及相关设施等措施,优化重要节点交通组织;通过新建路段违停抓拍设备、设置路口灯控等措施,加强执法管控。

1. 区域交通组织优化

① 菡青路(西侧)改为南向北单行,菡青路(东侧)改为北向南单行,形成微循环系统;香秀路规划东向西单行,同时在道路北侧设置停车位,如图10所示。

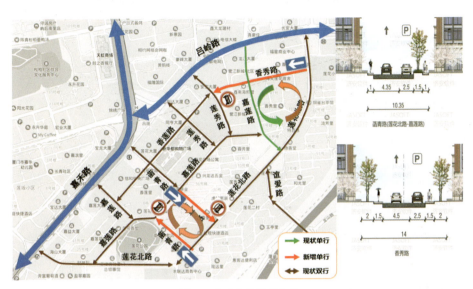

图10 菡青路微循环方案

② 观远路于玉亭路设置逆时针微循环,缓解莲花北路交通压力,如图11所示。

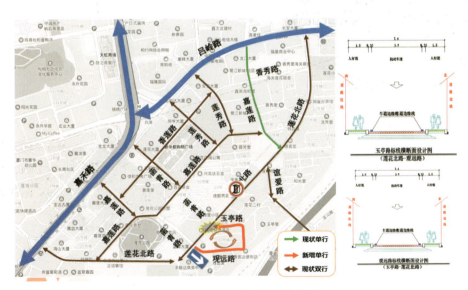

图11 观远路于玉亭路逆时针微循环

③ 磐基-莲花里内部道路逆时针方向微循环。设置即停即走区,方便家长接送学生;设置停车引导,并设置违停抓拍设备,如图12所示。

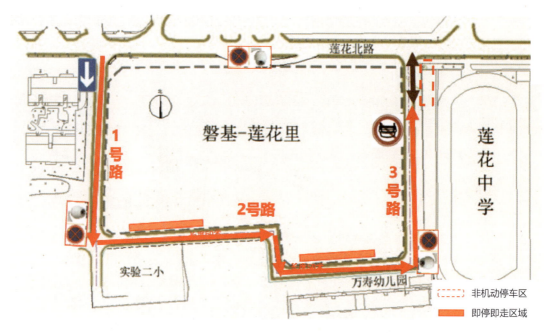

图 12　磐基-莲花里内部道路微循环方案

④ 映碧北路改为单向通行，单行方向为东向西、北向南，如图 13 所示。

图 13　映碧北路单行

2. 重要节点交通组织优化

优化谊爱路与莲花北路、谊爱路与龙山南路、航空宾馆等路口交通渠化和交通组织方案，如图 14 所示。

居民区：微循环＋限时停车【福建厦门】

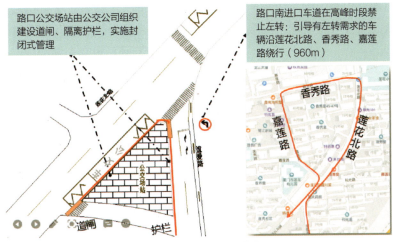

a）谊爱路与莲花北路渠化优化

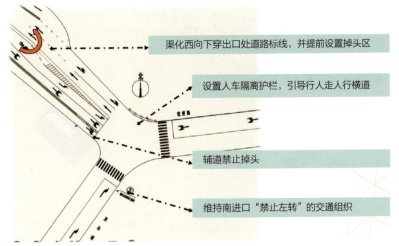

b）谊爱路与龙山南路路口渠化优化

c）航空宾馆路口组织优化

图 14　重点路口交通组织优化

3. 加强科技管控

① 新建违停抓拍和闯单行抓拍设备。在违停严重的香莲路、嘉莲路、香秀路路段设置违停抓拍设备（共设置5套），在香秀路、菡青路单行路段增设逆向抓拍设备（共设置3套），在莲花小学、莲花中学、磐基设置限时停车设备（共设置5套），如图15所示。

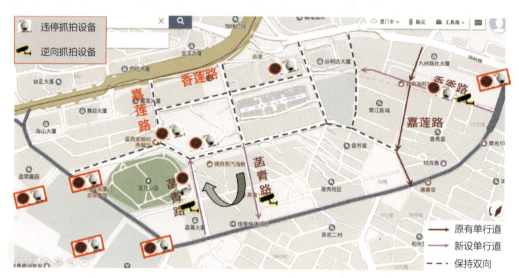

图15 新建违停和闯红灯抓拍设备点位

② 新建信号灯。谊爱路与龙山南路交叉口新增信号灯，控制方式采取三相位，分别控制西左、辅道掉头和东向，如图16所示。

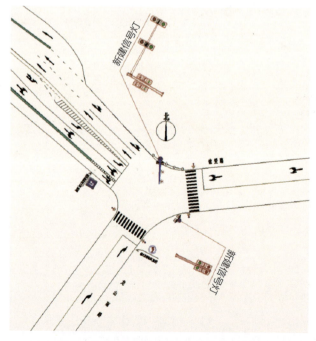

图16 谊爱路与龙山南路交叉口新增信号灯

实施效果

方案实施后道路交通运行状况跟踪调查显示：单向微循环道路交通状况明显提升，部分路段车辆通行更加顺畅，路边违停现象明显减少，行人与机动车通行秩序明显改善，尤其是谊爱路与莲花北路交叉口、谊爱路与龙山南路交叉口以及莲花南路与盈翠西路交叉口高峰期路口范围内绞死滞留的现象基本消除，片区内没有出现路口、路段长时间严重拥堵的状况。从 2021 年前 10 个月的统计数据来看，莲花片区交通改善工程实施后整体道路交通状况明显改观，片区内主要道路莲花南、北路高峰期的小汽车平均车速为 29.4km/h，环比 2019 年及 2020 年同期分别上升了 10.2% 和 4.7%，同时片区道路交通警情环比 2019 年及 2020 年同期分别下降了 25% 和 31%。

案例小结

本案例聚焦厦门市莲花片区的老旧小区，针对路网流量不均衡、路段车辆违停严重、交叉口交通冲突严重等交通难题，提出了区域交通组织优化、重要节点交通组织优化、加强科技管控等一系列的综合改造措施，取得了片区内主要道路平均车速环比上升了 10.2% 和 4.7%、片区道路交通警情环比下降了 25% 和 31% 的良好效果，为老旧小区交通组织改造提供了借鉴。

老旧小区：单行 + 新增车位【重庆】

概况

新牌坊片区位于渝北区新牌坊立交附近，周边为红锦大道、松牌路、新南路、龙华大道等多条主干道，如图 1 所示。该片区为老旧居住区，停车矛盾突出，交通秩序混乱等问题极度严重。通过优化单向交通组织、新增停车供给、路口精细化组织、完善管理设施等措施，有效地缓解了停车难问题，规范了片区行车秩序。

图 1　项目区位图

现状及问题分析

1. 停车配建严重不足，违停现象突出

片区地块大多建成于 2000 年前后，配建标准普遍较低，整个片区配建车位约 1000 个，违章停车近 1800 辆。路内违停现象十分严重，车辆通行空间以及人行道通行空间受到压缩，人车通行十分困难，如图 2 所示。

图 2　片区路段违停分布示意图

2. 交通组织精细化不足，行车秩序混乱

区域内部道路多为次支道路，路口标志标线缺失、交通渠化不合理等问题突出，路口违停严重，导致车辆行车秩序不规范，经常出现交通拥堵甚至瘫痪现象，如图3和图4所示。

图 3　车行道违停

图 4　人行道违停

3. 交通管理设施缺乏，执法困难

该片区缺乏违法抓拍设施、信号灯设施以及电子警察设施等，导致片区内的行车违法现象严重，难以有效管理。

优化措施

1. 优化交通组织，减少车辆交织

结合道路流量分布，共组织单行道9条，形成交通微循环，既提升了道路通行能力，又为停车提供了空间载体，有效地协调了动、静态交通平衡。

2. 出台路内限时段停车设置规范

编制《城市道路路内限时段停车设施设置规范》，对路内停车设置提供规范指导，如图 5 所示。

> # 城市道路路内限时段停车设施设置规范
>
> 为切实规范城市老旧居住区、商业区、学校、景区、大型活动场馆、公众服务机构等特殊区域在夜间、节假日、开学放假等特殊时段路内限时段停车泊位设置，有效强化停车秩序管理、减少道路交通影响。根据《道路交通标志和标线》（GB 5768-2009）、《城市道路交通标志和标线设置规范》（GB 51038-2015）、《城市道路路内停车泊位设置规范》（GA/T 850-2009）和《城市道路路内停车管理设施应用指南》（GA/T1271-2015），特制定本规范。
>
> **一、城市道路路内限时段停车泊位设置原则**
>
> 城市道路路内限时段停车泊位设置是为解决特殊时间、特殊区域及特殊交通事件引发的停车矛盾问题的一种临时措施，不作为城市主要的停车泊位供给方式。
>
> （一）路内限时段停车泊位的设置应遵循保障道路交通有序、安全、畅通的原则，法律法规规定禁止停车的地点不得设置停车泊位。
>
> （二）路内限时段停车泊位的设置应当符合《城市道路路内停车泊位设置规范》（GA/T 850）和《城市道路路内停车管理设施应用指南》（GA/T1271）规定的设置停车泊位道路宽度、占用道路设置停车泊位的 V/C 比值（最大服务交通量与基本通行能力之比）和人行道设置停车泊位后剩余宽度要求，且施划停车泊位后道路宽度应满足消防车通行的最低宽度要求（不得少于 4m）。

图 5 城市道路路内限时段停车设施设置规范

3. 见缝插针，增加停车供给

结合单向交通方案，见缝插针，采用"平停""垂停""斜停"等多种方式，共计施划停车泊位 830 个，有效地缓解了片区"停车难"的问题，其中新增停车泊位 775 个、保留车位 55 个，取消不符合规范存在安全隐患的车位 132 个，如图 6 和图 7 所示。

4. 节点精细化组织，规范行车秩序

结合单向交通及路内停车施划方案，对交叉口渠化进行改造，收窄部分进出口及车道，进行交通"稳静化"处理，有效地缓解了交叉口违停乱象，规范了行车秩序，提升过往行人和车辆的安全，如图 8 所示。

图6 片区交通组织流线优化后示意图

图7 片区内停车位优化后示意图

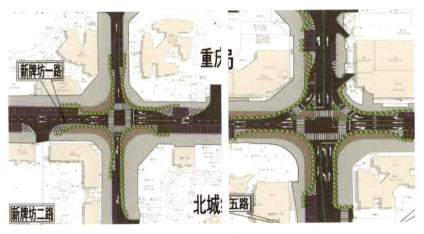

图8 渠化示意图

5. 完善管理设施,加强执法管理

在市气象局、创世纪宾馆等9个重要路段和节点增设违停抓拍设施,通过完善执法设备,有效地减少了路内违法停车。在部分重要路口完善信号灯和电子警察设施,改善交通秩序,缓解交通拥堵。

实施效果

方案实施后车辆停车规范有序，片区违章停车现象得到显著缓解，车辆行车有序，高峰时段通过路口平均拥堵时间缩短了约 25s，片区拥堵得到明显改善。

案例小结

本方案通过组织单行道、增加停车供给、严格规范执法等多方面措施，改善了片区整体交通环境，有效缓解了老旧社区周边的交通拥堵，改善了通行秩序，解决了停车难问题。该方案主要适用于老旧居民社区道路资源相对丰富，但停车资源匮乏的情况。需要注意单行交通设置应充分尊重和征求居民意见，并做好方案的论证和宣传工作。

中心商务区：挖潜提效 + 时空一体治理
【浙江宁波】

概况

宁波东部新城金融中心片区（以下简称"片区"）位于世纪大道 - 宁东路 - 海晏北路 - 民安路围合的区域内，片区总面积约 0.34km^2，总建筑面积约 77 万 m^2，区域内有 6 家市级行政主管部门、8 家银行总部，以及证券、金融产业机构和一家五星级酒店，通勤人数约 2.6 万人，如图 1 所示。

图 1　金融中心片区区位

现状及问题分析

片区路网按"四横五纵"布局，区域内部道路基本为车行道宽 12m 的城市支路，断面设置为双向 2 机 2 非或单向 1 机 2 非，并设有单侧停车位，交通需求主要以通勤为主。外围道路均为城市主干路，承担大流量过境交通需求。因通勤时间集中，且公交分担率不足，高峰期间交通拥堵情况严重，已成为宁波主城区早晚高峰最拥堵的片区之一，如图 2 所示。

图 2 现状问题

1. 职住不平衡，通勤交通压力较大

金融中心片区业态以办公和商业为主，根据交通出行量（OD）数据分析，区域内通勤交通流主要来自江北、海曙、鄞州中心区方向，片区公共交通布局不完善，轨道 1 号线海晏北路站距离片区约 1.2km，2021 年开通的轨道 5 号线金融中心站覆盖率不足，常规公交线路较少。片区通勤以小汽车为主，约占 69%，公共交通出行约占 31%，远低于宁波城区平均比例 52%。在片区下班集中的晚高峰时段，通勤压力较大，高峰时长约 100min。

2. 片区内道路开口多，交通冲突问题突出

区域南北主要通道江澄北路、海晏北路沿线有宝华街、和济街两处开口，东西主要通道民安路及宁东路有昌乐路、承源路、和源路、鼎泰街四处开口，支路交通干扰主线交通

现象突出。

3. 停车秩序不规范

片区内道路共设置有216个路内免费停车位，日均周转率为2.03，外来车辆临时停放困难，路内违停现象突出，加剧了片区内道路的拥堵状况。

优化措施

根据片区交通运行情况，宁波交警按"治堵先治乱""内外联动"的原则，分两阶段对片区进行综合治理。

1. 拓宽主路

对南北向主通道江澄北路（宁东路－民安东路）进行拓宽改造，路段由原2机2非拓宽至4机2非，路口由原3机2非拓宽至5机2非，大大提高主路通行能力，满足快速疏散片区交通流需求，如图3所示。

拓宽前：路段2机+2非
路口3机+2非

拓宽后：路段4机+2非
路口5机+2非

图3 江澄北路（宁东路－民安东路）拓宽改造前后对比

2. 封闭开口

在高峰期间通过设置中央活动护栏，封闭江澄北路和济街开口，采取右进右出，其余时段北口禁止车辆左转，减少开口交通冲突；江澄北路宝华街开口设置中央活动护栏，高峰时段采取右进右出管制，如图4所示。

图 4 封闭开口交通组织

3. 单向交通组织

对区域内的承源路、和源路实施逆时针单向交通循环,并在道路单侧设置停车位,以满足办事车辆临时停车需求,达到减少交通冲突的目的。对昌乐路(宁东路-宝华街)实施南往北单向,避免车辆直接汇入宁东路与江澄北路路口,降低路口通行效率,如图5所示。

图 5 单向交通组织

4. 停车环境治理

将片区免费路侧泊位改造为收费智慧停车泊位,配套建设具有停车无感支付、违停自动抓拍、停车动态诱导等功能的智慧停车系统,调整后车位日周转率由2.03提高至12.36,每天可为2000多辆外来办事车辆提供路边临时停靠服务,减少乱停车现象,净化内部道路通行环境,如图6所示。

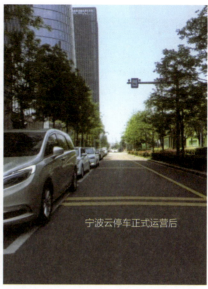

图 6　停车环境整治对比

5. 新增接驳公交

新增微 11 路和定制 2/3/4 单程公交 4 条公交线路，其中微 11 路为 5 号线开通前，新增的 1 号线海晏北路站与金融中心片区的临时公交接驳专线，日均接驳超过 600 人次，最高日客流量近千人次；定制 2/3/4 号线分别为公交紫郡站、雍城世家小区、江南第一学堂与金融中心片区的接驳专线，极大增加了公共交通吸引力，从源头减少了片区私家车出行量，见表 1。

表 1　新增接驳公交早晚高峰始发 / 终点站统计表

公交路线	早高峰		晚高峰	
	始发站	终点站	始发站	终点站
微 11 路	轨道海晏北路站	国际金融中心	发展大厦	轨道海晏北路站
定制公交单程 2 号线	公交紫郡站	中央广场	中央广场	公交紫郡站
定制公交单程 3 号线	雍城世家小区	中央广场	中央广场	城世家小区
定制公交单程 4 号线	江南第一学堂	中央广场	中央广场	江南第一学堂

6. 节点扩容

以寸土必争为原则，最大限度提高道路空间的利用效率。通过适当压缩车道宽度，世纪大道（民安东路 – 宁东路）路段增加一车道；民安东路与世纪大道东口、宁东路与世纪大道东口、江澄北路与民安路南口各增加一个进口车道，同步调整路口引导标志、标线，有效提高路口通行能力，满足快速疏散片区通勤交通的要求，如图 7、表 2 和表 3 所示。

图 7　晚高峰金融片区拥堵情况

表 2　节点路口情况表

编号	交叉口名称	说明
1	世纪大道 - 民安东路	主干路与次干路交叉口
2	民安东路 - 江澄北路	次干路与次干路交叉口
3	世纪大道 - 宁东路	主干路与主干路交叉口
4	宁东路 - 江澄北路	主干路与次干路交叉口
5	海晏北路 - 宁东路	主干路与主干路交叉口 北口因轨道施工北往南单行
6	海晏北路 - 民安东路	轨道施工占用，临时封闭

表 3　车道空间优化统计表

	调整点位	调整前车道分布	调整后车道分布	调整方式
路口	世纪大道 - 宁东路交叉口东口	左转 +2 直行 + 右转	左转 +3 直行 +1 右转	对原有的 3.5m 均分四车道进行重新分配
	世纪大道 - 民安路交叉口东口	左转 + 直行 + 直右	左转 +2 直行 + 右转	对原有非机动车道和 3.25m 均分三机动车道进行重新分配
	民安路 - 江澄路交叉口南口	左转 + 直行 + 直右 +2 出	左转 + 左/直可变 + 直行 + 直右 +2 出	在保持道路断面 23.5m 不变的情况下，将中央护栏往西侧偏移 1.3m，对原有的机动车道进行重新分配
路段	世纪大道（民安路 - 宁东路）	3 直行	3 直行 +1 左转	在保持道路断面 12m 不变的情况下，将原有的三车道进行压缩调整为四车道

7. 可变导向车道

江澄路口西口第二左转车道调整为左转/直行可变导向车道，民安路-江澄路南口增加一条直/左可变导向车道。通过可变导向车道控制车道的行驶方向，进行高峰期车流控制，以达到加速引导车流的作用，如图8所示。

a）宁东路-江澄路西口可变导向车道　　　　b）民安路-江澄路南口可变导向车道

图8　可变导向车道设置

8. 出口打通

因轨道及道路建设分别占用了民安路及海晏北路两条主路，经交通管理部门与道路建设部门协调，提前6个月于2021年年底开放了海晏北路（和济街-宁东路）全幅道路，在道路西半幅增设北往南单向通道，提高由和济街、宝华街至海晏北路右转车辆的通行效率，大大提升了片区东部区块的疏散能力，如图9所示。

图9　打通后海晏北路交通组织

9. 信号优化

① 新增信号灯。在宁东路与承源路口新增行人过街信号灯，并与前后两个灯控路口联动，

确保在不影响宁东路主路交通运行的基础上,保障行人过街安全,并提高了承源路的疏散效率,如图10所示。

图10 宁东路与承源路口新增行人过街信号灯

② 单点优化。对片区周边的世纪大道宁东路、世纪大道民安路、宁东路海晏北路等10余个信号灯路口,进行动态、系统性协调、联动各路口信号配时,提高片区内车辆通行效率,如图11所示。

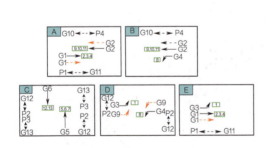

		A相位	B相位	C相位	D相位	E相位	F相位	G相位	周期
1	6:00-6:30	0	43	46	0	41			130
2	6:30-9:10	0	32	87	0	51			170
3	9:10-16:30	25	36	58	0	29			148
4	16:30-18:00	0	99	39	0	32			170
5	18:00-19:00	0	99	39	0	32			170
6	19:00-22:00	25	44	52	0	27			148
7	22:00-6:00	0	33	32	0	35			100
8									
	全红时间	3.0	3.0	3.0	3.0	3.0			

a)世纪大道与民安路

		A相位	B相位	C相位	D相位	E相位	F相位	G相位	周期
1	5:30-6:45	51	33	25	32	0	25	0	166
2	6:45-9:30	74	0	34	60	0	32	0	200
3	9:30-17:00	51	33	25	32	0	25	0	166
4	17:00-17:30	70	0	32	38	32	38	0	200
5	17:30-18:00	70	0	32	38	32	38	0	200
6	18:30-19:00	51	33	25	32	0	25	0	166
7	19:00-23:00	51	33	25	32	0	25	0	166
8	23:00-5:30	40	0	31	33	0	26	0	130
	全红时间	1.0	1.0	2.0	1.0	2.0	1.0	1.0	

b)江澄北路与民安路

图11 信号控制优化方案(以世纪大道-民安路、江澄北路-民安路为例)

③干线协调。对世纪大道、宁东路等道路综合调整人、车交通组织后，实施双向绿波带，提高主要通道的疏散能力，如图12和图13所示。

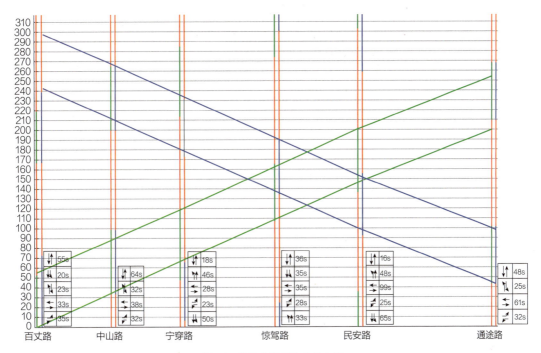

图12 世纪大道绿波控制方案

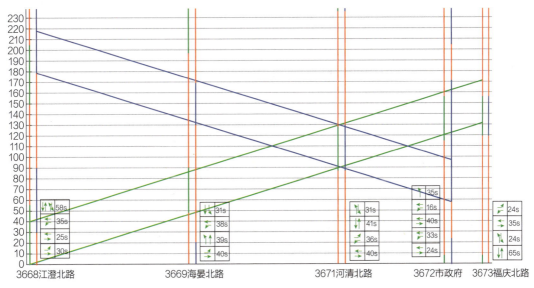

图13 宁东路（江澄路－福庆南路）绿波控制方案

10. 加强宣传引导

通过研究片区周边道路的卡口过车数据，精准化分析片区内通勤机动车，通过短信平台推送相关拥堵与疏散引导信息，营造全民参与疏堵氛围，如图14所示。

图 14　短信推送

实施效果

采用因地制宜、分阶段精准治堵措施后，片区开口疏散效率显著提升，大大减少了片区内道路排队拥堵状况，晚高峰时长由原 17:30—19:10 缩短 1h 至 18:10，同时针对节点路口进行挖潜提效、时空一体治理，实现"小成本、大疏解"，宁东路排队长度缩短 67%，民安东路排队长度缩短 65%，江澄北路排队长度缩短 52%，路口排队溢出现象已基本缓解，目前片区交通运行情况良好，交通拥堵状况已得到较大改善。

案例小结

本案例聚焦宁波东部新城金融中心片区的商圈，针对职住不平衡通勤交通压力较大、片区内道路开口多交通冲突问题突出、停车秩序不规范等交通供需难题，提出了拓宽主路、封闭开口、单向交通组织、停车环境治理、新增接驳公交、节点扩容、可变导向车道、出口打通、信号优化、加强宣传引导十大综合举措，片区开口疏散效率显著提升，晚高峰时长缩短 1h，排队长度大幅缩短，路口排队溢出现象已基本缓解，为同类城市的商圈交通组织改善提供了良好借鉴。

交通枢纽周边：均衡交通流分布 + 明确路权【山东济南】

概况

济南市长途汽车总站位于济南市天桥区，是济南最重要的客运枢纽之一，日发送量 5.3 万人次，高峰时日发送量高达 11 万人次，周边交通负荷较大，交通秩序混乱。为改善汽车总站周边交通运行环境，济南交警天桥交警大队依靠政府统筹谋划，在区委区政府的大力支持和支队业务部门的具体指导下，从民生出发，综合考虑交通需求及实际情况，对长途汽车总站先后进行三次优化改造提升，优化方案经历了由全方位禁左到方向性禁左再到取消禁左思想的转变，为汽车总站周边带来了全新的交通面貌。

治堵历程

近年来，在区委区政府的大力支持下，济南交警天桥大队一直以提升交通出行品质、助力文明城市创建为主要思想，对汽车总站先后通过禁左 + 绕行、增设可变导向车道、逐渐释放左转等措施进行优化提升。

1. 初次优化

汽车站路口开展区域交通综合提升。在汽车站东西方向和南口实施禁左，东工商河路、便民市场行人过街、标山南路开设提前掉头开口，以点散面，将拥堵点分散至其他路口，综合提升区域交通通行效率。

① 分时段禁止机动车左转和掉头。东西方向采用"远端掉头 + 借路绕行"及"由一个路口变为多个路口"方式进行分流，该路口东西向 06:00—22:00 车辆禁止左转。

② 车道瘦身设计。北口路段中央隔离向东偏移 1.6m，同时压缩车道宽度和隔离护栏宽度，将进口车道设计为 6 车道，提高北口直行通行能力。

③ 车道功能优化设计。分别对路口东、西、北进口车道功能进行"量身定制"，使流量与车道功能匹配，增大交叉口空间资源的利用率。

④ 施划待行区。利用交叉口内部空间资源在北口施划左转待行区、东口施划公交左转待行区，同时施划机动车右转待行区，引导车辆通行。

2. 二次优化

汽车站路口逐渐释放左转。为满足市民日常左转通行需求，汽车站南口全天放开左转，东西方向设置可变导向车道，并配合信号灯优化调整，夜间时段允许桥下及下桥车辆左转。

① 禁左时间调整。南口左转全时段放开，东西向增设直左导向可变导向车道，6:00—

22:00时段车道功能为直行,夜间时段为左转,保障夜间左转通行路权。

② 车道功能优化设计。优化南口以及东西进口车道功能,配合南口左转及东西向夜间左转放行需求,保障左转通行路权。

③ 完善交通诱导标志。在东西向原有"禁止左转"标志牌上增加"6:00—22:00"时间段字样,并增设可变导向车道诱导屏,引导过往车辆在规定时间段内择道而行。

④ 交通标线优化提升。路口增设右转礼让行人待行区,提高右转通行效率,停止线前喷涂"车让人"标语,路口增设非机动车二次过街待行区,保障慢行过街安全。

现状及问题分析

济南长途汽车总站位于北园高架和济泺路两条城区重要道路的交汇点西北侧,济泺路是南北向城市主干路,设为双向9车道,北园大街是城区一条重要的东西向主干路,同时连接北园高架下桥口,设为双向11车道,该路口是汽车站乘客到达驶离的必经之路,承载着主路车辆与北园高架下桥车辆的双重压力,发挥着重要的交通功能,如图1所示。

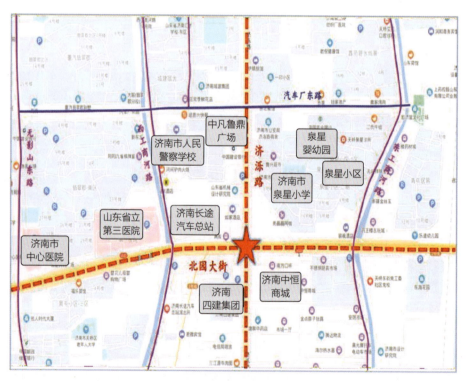

图1 济南市长途汽车总站区位图

前期,为缓解地面交通压力,增强客流消散能力,地铁2号线在汽车总站设站点,对北园大街济泺路路口南侧部分机动车道封闭施工。受地铁施工占道影响,路口通行车道数减少,加剧了路口交通拥堵情况,因此在路口东西方向采用禁左,以缓解路口交通压力,使交通压力转移至周边路口。

随着地铁站点建设工程竣工，面对日益增长的交通需求，周边路口交通压力大，市民出行绕行距离较远等问题逐渐凸显，禁左措施不再适用于当前情况，为此，对路口进行优化提升势在必行，如图2和图3所示。

图2　优化前路口拥堵情况

图3　优化前道路拥堵情况

优化措施

济南交警通过流量研判分析，采取"取消禁左、车道均流、时空挖掘、诱导管控"等交通优化组合拳，以应对地铁2号线施工完毕并投入使用后带来的有关汽车站路口的一系列拥堵"蝴蝶效应"。

1. 取消禁左,均衡进口车流分布

① 东口分车流控制允许地面左转通行。东口取消可变导向车道,车道功能设置为 BRT 车道、左转、直行、直行、直行、直右、右转,同时,借鉴都江堰水利工程中"分水鱼嘴"分流原理,增设桥上桥下隔离护栏,将下桥车流与地面左转车流进行分离,减少高架下桥车辆与桥下车辆之间的交织影响,提高路口通行效率,如图4和图5所示。

图 4　东口允许左转效果图

图 5　增设桥上桥下隔离护栏

② 西口优化车道功能允许车辆左转。西口取消可变导向车道，车道功能设置为 BRT 车道、左转、直行、直行、公交车道（右转借道）、右转，满足西口左转通行需求，如图 6 所示。

图 6　西口允许左转效果图

2. 诱导管控，明确交通路权分配

① 东口高架连续增设多组诱导标志牌，提示下桥车辆禁止左转，如图 7 所示。

图 7　高架诱导标志

② 东口高架下桥口、电警等处增设诱导标志，明确下桥车辆禁止左转，如图 8 所示。
③ 东西方向地面修改分道标志牌，明确前方路口通行规则，如图 9 和图 10 所示。

图 8 下桥口诱导标志

图 9 优化前东口分道标志牌

图 10 优化后东口分道标志牌

3. 规范秩序，文明出行你我他

① 优化行人过街流线，将北口停止线前移 6m，缩短行人过街绕行距离，减少行人过街时间，如图 11 所示。

图 11　北口停止线前移 6m 效果图

② 增设机动车左转、右转待行区，其中东西向增设公交左转待行区，规范待行空间，提高路口通行效率，如图 12 和图 13 所示。

③ 在交叉口范围内，完善路口机非隔离、人非隔离，明确路权，保障慢行通行安全，如图 14 所示。

图 12　路口右转待行区

图 13　东西向左转待行区

图 14　完善路口隔离护栏效果图

4. 行停分离，路权明确不含糊

① 南门设置出租车候客通道，在济泺路主线增设禁止停车标志，同时在出入口处增设诱导标志，引导机动车驶入南侧落客平台，提高落客平台通行效率，如图 15 所示。

图 15　即停即走标志标线

② 在路口各个方向增设临时停车位，规范停车、有序停车，避免车辆违停占用非机动车道，满足车辆换乘需求，维护汽车站周边交通秩序，如图 16 所示。

 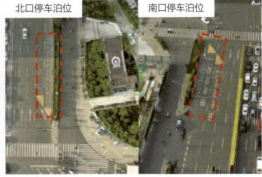

图 16　临时停车泊位效果图

实施效果

通过与往年同期数据进行对比，路口周边区域改造完成后效果非常明显，主要体现在以下几个方面。

1. 区域内交通拥堵指数明显降低

优化改造后区域内车辆通行环境明显改善，有效缓解周边路网交通压力，提高了区域内整体的通行效率，区域内交通拥堵指数由优化前的 2.6 降低至 1.96，降低了 24.6%。路口周边排队长度和延误指数优化前后对比见表 1。

表 1　汽车站路口周边排队长度和延误指数优化前后对比

路口名称		排队长度/m		与往期相比	延误指数		与往期相比
		优化前	优化后		优化前	优化后	
北园大街东工商河路	早高峰	99.4	22.5	下降 77.4%	13.9	4.4	下降 68.3%
	晚高峰	88.5	20	下降 77.4%	11.8	6.5	下降 44.9%
便民市场行人过街开口	早高峰	18.7	13.8	下降 26.2%	4.2	2.6	下降 38.1%
	晚高峰	41.1	35	下降 14.8%	5.6	3.3	下降 41.1%
济泺路与标山南路	早高峰	45	32.5	下降 27.8%	9.8	6.3	下降 35.7%
	晚高峰	107.9	89	下降 17.5%	34.6	25.4	下降 26.6%

2. 区域内空气质量得到明显提升

优化改造后区域内车辆通行距离有所减短，车辆尾气排放量有所下降，区域内空气质量得到有效提升，2022 年 8 月与 2021 年同期相比，空气质量污染天数由 4 天降至 0 天，空气质量良好天数由 7 天上升至 19 天，如图 17 所示。

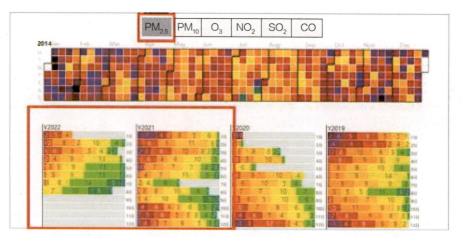

图 17 2022 年、2021 年空气质量对比图

3. 区域内通行秩序得到明显提升

通过在路口施划右转待行区、左转待行区、临时停车泊位以及增设隔离护栏等措施，明确交通参与者通行路权，实现人与车、车与车之间各行其道，互不干扰，提升区域内整体通行秩序。

案例小结

本案例综合考量周边片区交通构成及拥堵成因，将禁左、车道功能优化与施划待行区等多项措施揉合，由点及面，精益求精，从片区施工前到施工时再到施工后，每一次改造都紧贴周边实际情况，通过文明礼让与路口规划设计的有效结合，最终实现交通安全畅通的目标，不仅改善了市民生活环境，同时也为大型客运枢纽交通治理提供了良好思路。